처음 만나는
협동조합의
역사

처음 만나는
협동조합의
역사

김신양 지음

Meaningful History of Cooperative Movement

착한책가게

추천사

우선 협동조합의 태동부터 최근의 현황을 아우르는 협동
조합운동의 역사에 관한 책이 발간되어 무척 반갑습니다. 특
히 탐정이 8개의 미제사건을 풀어나가듯이 협동조합운동의
역사에서 기억할 만한 8개의 연도로 협동조합운동의 궤적을
추적한 점이 아주 흥미롭습니다.

이 책의 독자들은 한글을 모르는 제가 어떻게 추천사를 쓸
수 있을까 의아해할지도 모르겠습니다. 그래서 이 글을 추천
사라기보다는 아주 오래된 친구가 보내는 우정의 표현, 또는
따뜻한 응원의 메시지라고 생각해도 좋습니다.

저자인 신양과 나는 약 17년 전 리에쥬대학에서 처음 만났
습니다. 그녀는 '빈곤여성과 자활정책'에 관한 연구과제 조사
차 저와 인터뷰하기 위해 찾아왔습니다. 그런데 불어를 아주
잘했고, 사회적경제도 잘 알고 있었습니다. 그렇게 우리의 인
연이 시작되어 그녀는 나의 중요한 한국인 대화상대이자 연

구파트너가 되었습니다. 특히 2007년에 한국으로부터 사회적기업에 대한 발제를 요청받아 200명이 넘는 청중 앞에서 발표를 한 때가 기억납니다. 그때 그녀가 너무나 훌륭하게 통역하여 한국어를 전혀 알아듣지 못하는 나였지만, 청중들의 관심과 열정을 보며 나의 메시지가 온전히 전달되었음을 알 수 있었습니다.

이후 우리는 함께 연구하며 동아시아의 사회적기업에 대한 글을 썼고, 그 결과를 2010년에 대만에서 개최된 동아시아 사회적기업 국제컨퍼런스에서 함께 발표를 했습니다. 또 베이징에도 초청되어 발표한 바 있습니다. 그뿐 아니라 국제 연구 네트워크인 EMES의 컨퍼런스에서 만날 때마다 많은 이야기를 나누었습니다. 이렇듯 여러 기회를 통해 그녀의 학문적, 교육적 자질을 충분히 알 수 있었습니다. 이러한 그녀의 자질은 특히 EMES가 주관한 사회적기업 모델 국제 비교 연구인 ICSEM 프로젝트에서 유감없이 발휘되었습니다. 그녀는 장원봉 박사와 황덕순 박사와 함께 팀을 이뤄 아시아의 다른 연구자들보다 먼저 한국 사회적기업 모델의 유형을 도출했습니다.

이 모든 만남과 함께한 경험의 과정에서 나는 그녀가 얼마나 협동조합운동과 사회적경제에 헌신하면서 한국사회적경제연구회를 구축해나갔는지 알 수 있었습니다. 그래서 EMES 네트워크는 연구회에 아시아 최초의 기관회원이 되어줄 것을 제안하였고, 연구회의 가입은 만장일치로 통과되었습니다.

협동조합과 관련한 최근 한국의 입법 상황 및 정책의 발전 상황을 고려할 때 이 책의 발간은 참으로 시의적절하다고 판단됩니다. 이 책은 협동조합의 조합원들과 임원들을 위한 좋은 교육자료로 활용될 수 있을 것입니다. 게다가 이 책은 향후 한국에서 협동조합에 관한 연구가 더 많이 이루어져야 한다는 것을 알려주기도 합니다. 왜냐하면 한국의 협동조합은 아주 어려운 시기를 지나왔기 때문입니다. 일제강점기에는 자율적인 협동조합운동이 억압되었고, 군사독재시절에는 개발의 도구로 활용되었기에 협동조합의 이미지를 회복하는 것도 필요합니다. 또한 이 책을 통해 협동조합이 단지 가진 것 없는 사람들의 생존수단이 아니라 다르게 살겠다는 삶의 선택이며, 자유롭고 자발적으로 결사하여 자신의 운명을 스스로 책임지고자 하는 의지의 표현이라는 것을 확인하면 좋겠습니다.

감사드리며 즐거운 독서가 되길 기원합니다.

리에쥬에서
자끄 드푸르니(Jacques Defourny)
리에쥬대학 경제학과 석좌교수
EMES 국제 연구 네트워크

차 례

협동하는 사람들을 위한
협동조합의 역사

나는 자타가 공인하는 협동조합 덕후다. 내 덕질의 으뜸은 협동조합을 잘 운영하고 싶어 하는 사람들을 위해 학습을 조직하고 운영하는 일이다. 그래서 한 차례 강의만 하고 끝내는 것이 아니라 최소 10시간을 잡아 먼저 협동에 대해 생각해보고, 협동조합의 정체성을 제대로 이해하고, 마지막으로 협동조합의 역사를 되짚어본다. 그렇게 현장 사람들과 몇 년간 학습을 하면서 발견한 것이 있다. 최초의 협동조합부터 2012년까지 300년이 넘어가는 협동조합의 역사를 들려주면 사람들의 표정이 달라진다. 마치고 소회를 나누면 이런 반응들이 나온다. "협동조합이 이렇게 오래된 줄 몰랐어요.", "로치데일에 대해 듣긴 들었는데 왜 중요한지 잘 몰랐어요.", "협동조합은 힘없는 사람들이 하는 건 줄 알았는데 아니었네

요.", "레이들로 보고서를 예전에 읽어보긴 했는데 기억나는 게 없었어요." 등등.

사람들이 재밌어 했다. 몇 년도에 어떤 협동조합이 생겼다는 연대기가 아니라 사람들의 역사였기 때문이다. 어떤 일을 하던 사람들이 어떤 곤란과 불만이 있었고, 그래서 그것을 해결하기 위해 뭘 보고 배워서 어떤 작전을 짰고, 실행에 옮기기 위해 돈은 어떻게 모았는지, 그 인생 역정이 흡사 '인간극장'을 보는 듯 동시대 내 이웃의 삶으로 다가왔던 것이다. 위대할 것 없는 사람들의 고군분투와 실패와 좌절과 성공이 교차하는 인간극장이 협동조합의 역사였다.

그때부터 나의 장기항전 임전무퇴의 모험이 시작되었다. 이 인간극장과도 같은 이야기를 마주하면서 1696년, 1844년, 1895년, 1920년, 1980년, 1991년, 1995년, 2012년, 이렇게 협동조합 역사에서 가장 중요한 사건을 중심으로 추리소설을 쓰듯 과거를 수사해보기로 했다.

역사는 누가 무엇 때문에 무엇을 했고, 그 결과 어떤 일이 벌어졌는지 밝히는 과정이다. 역사는 사건을 중심으로 재구성되는 추리소설과 같다. 예컨대 우리가 한국역사에서 기억하는 것은 삼국통일, 임진왜란, 갑오경장, 갑신정변, 3·1만세운동, 6·25전쟁 등 다 사건이고 그 사건에는 주역들이 있으며, 역사에 대한 해석은 그들이 무슨 생각으로 그런 일을 벌였나 하는 것을 밝히는 과정이다. 그 밝힘 후에도 해석은 분분하고, 그에 따라 사건의 의미는 달라진다.

내가 본 협동조합의 역사는 대부분 어느 조직이 언제 생겼고, 그것이 어떻게 부문이 되고 제도가 되었는가 하는 그런 밋밋한 화법의 글이었다. 사건이 아니었고, 우리가 사건을 조사할 때 그러하듯 탐구하며 주변을 조사하고 목격자의 증언을 듣고 증거를 수집하는 과정이 보이지 않았다. 그러다 보니 그 역사를 통해 현재의 상황을 이해하기도, 왜 그러한 방식으로 역사가 전개되었는지 이해하기도 어려웠다. 마치 뉴스 보도처럼 남의 일일 뿐 나와 관계 있는 일이라고 생각되지 않았다. 풀리지 않은 미제의 사건처럼 의문만 남겼을 뿐이다.

협동조합의 역사라는 숨겨진 보물

역사는 그냥 과거가 아니다. 지났기 때문에 알게 된 것, 또는 밝혀진 사실이 있다. 하지만 가만히 있는다고 저절로 알게 되는 것은 아니다. 어떤 것은 애써 찾아보아야 하고, 그제야 알게 되는 것들이 있다. 또한 알게 된 사실의 조각들을 모은다고 역사가 되는 것도 아니다. 놀이로 하는 퍼즐은 이미 프레임이 정해져 있어 그 조각들을 꿰어 맞추면 되지만 역사는 퍼즐판이 정해져 있지 않다. 꿰어 맞출 수 없는 열린 공간이며, 채워지지 않은 빈구석을 남긴다. 그래서 역사를 쓴다는 것은 막막한 작업인 동시에 무한한 가능성이 열린 모험이다.

이 책을 쓰는 것은 협동조합의 역사라는 열린 공간을 여행하는 과정이었다. 하지만 무작정 항해할 수 없어서 먼저 나만의 지도를 그려 길을 떠났다. 그 지도는 '협동조합의 진실'이라는 보물을 찾기 위해 거쳐야 하는 8개의 섬이 있는 바다를 담고 있다. 그리고 어린왕자가 여행한 별들처럼, 이 8개의 섬은 모두 숫자로 되어 있다. 각각의 섬으로 항해를 떠나기 전 머무는 동안의 일정도 미리 짜두며 만반의 준비를 했다. 하지만 도착해보니 새롭게 발견되는 것들이 너무 많았다. 그러다 보니 정해진 코스를 다 마치기도 빡빡한 일정이었음에도 새로운 코스를 추가하며 경로를 이탈하기 일쑤였다. 떠나기 싫었고, 한없이 머물고만 싶었다. 각각의 섬은 그 섬만의 보물을 숨기고 있어서 자꾸만 더 캐내고 싶어서 혼났다. 고구마 줄기처럼 하나를 캐내면 딸려 나오는 것들이 너무나 많았다. 배에 다 싣고 가지도 못할 것들을 욕심내다가 다음 항해를 떠날 수 없을 것 같아 멈추어야 했다. 나의 배는 너무 작았고, 섬은 아주 많은 보물을 숨기고 있었다.

머물렀던 섬에 대한 기록을 남기면서 찾은 보물의 이름과 모양과 색깔만 적을 수는 없었다. 그 섬 어디에서 찾았는지, 거기로 가는 길에 또 무엇을 만났는지, 길을 잃었을 때 이정표를 찾기 위해 무엇의 도움을 받았는지, 누가 보물을 숨겨놓았고 원래 주인은 누구였는지 하나하나 다 기록으로 남기고 싶었다. 하지만 내가 찾은 보물은 대부분 원석으로만 남아 있는 거칠고 투박한 꼴이다. 제대로 깎고 다듬을 연장도 기술도 부족한 나로서는 그 안에 들어있을 찬란한 모습을 상상하는 것에 만족할 수밖에 없었다.

고난을 견디며 사자가 된 협동조합인들

협동조합의 역사는 왕조의 역사도 영웅의 역사도 아니다. 협동조합의 역사는 보통 사람들이 겪었던 고군분투의 역사다. 선구자들이 있었지만 그들 대부분은 오아시스를 찾아 떠난 사막의 대상들처럼 늘 목말라 했으며, 모래바람을 맞으면서 걸어가다가 넘어지기도 했다. 그들 중 일부는 사막 한가운데에서 쓰러져 모래 속에 묻히기도 했다. 그나마 선구자들은 이름을 남기기라도 했지만 이름 없이 쓰러져간 이들도 무수히 많다. 그들은 아마 사막의 하늘을 비추는 별이 되었는지도 모르겠다. 거기서 반짝이며 아직도 오아시스를 찾아 떠나는 다른 이들의 길을 비추고 있을지도….

그 이름 없는 보통 사람들은 사막을 건너는 사이 바짝 마른 몸일지언정 구릿빛 피부와 단단한 근육으로 단련되고, 멀리 바라보는 맑고 깊고 빛나는 눈을 가진 사람이 되었을 것이다. 그리고 언제 다다를지 모를 그 길을 함께 가는 길동무들과 노래를 부르며 서로 흥을 돋우고, 밤에는 추위를 견디기 위해 서로 꼭 붙어 온기를 나누며 서로를 지켜주었을 것이다. 그렇게 고난을 견디는 가운데 그들은 사막의 짐꾼인 낙타와 같은 운명을 사자의 운명으로 바꾸며 스스로의 삶을 개척하는 주인이 되었을 것이다.

협동조합의 역사는 노예의 삶이 아니라 자기 운명의 주인이 되기 위해 자유를 추구한 사람들의 역사이며, 그 자유를 획득하기 위해 공동으로 결사한 사람들이 이룬 운명공동체의 역사이며, 필요에 머물지 않고 끊임없이 고양되고자 열망한 해방의 역사다. 계급으로 구분 짓지 않고 노동으로 공동체가 되는 역사이며, 작은 것들의 연합의 역사이며, 큰 것은 작은 것을 돌보고 작은 것은 큰 것을 지킨 역사이며, 한 사람은 모두를 위해 모두는 한 사람을 위해 존재한 역사다. 성장의 신화가 아닌 공생과 공존 번영의 역사이며, 생산은 소비와 통하고 소비는 노동을 보살피며 공정한 가격을 지불하는 서로돌봄의 역사다. 성공은 나눔과 확산의 토양을 만들고, 실패는 새로운 도전을 위한 거름이 되는 역사다.

모험의 끝에서 다시 마주한 질문

닻을 내렸다. 다시 경험할 수 없기에 모험이라 할 것이니 이제 긴 항해의 일지를 넘기며 추억할 시간이다. 굽이굽이 돌아 구석구석 찾아 헤매던 길이 떠오르고, 그 길에서 만난 보석 같은 이들의 이름과 그들의 피, 땀, 눈물이 아른거린다.

하지만 추억에 잠길 새도 없이 또 다른 질문을 만난다. 더 구체적인 삶의 문제로서 바라보면 내가 쓴 협동조합의 역사는 얼기설기 엮어놓은 조각보일 뿐, 돌아온 자리에서 나는 미처 담아내지 못한 새로운 질문을 떠올린다. 새롭게 맞이할 모험의 지도를 그리는 것이다.

- 사람들은 협동조합 안에서 어떻게 협동하고 있는가?
- 협동하며 즐거워하고 있는가? 혹시 괴롭다면 그 까닭은 무엇인가?
- 협동하는 사람이 되기 위하여 어떻게 스스로에게 동기를 부여하며 훈련하고 있는가?
- 협동조합인들은 경쟁하는 사람들이 협동하는 사람이 되도록 하기 위해 어떤 노력을 하고 있는가?
- 협동조합은 협동사회를 만들기 위해 어떤 비전을 가져야 할까?
- 협동조합은 어떻게 일터에서 갑과 을의 불평등한 관계를 바꿀 수 있을까?
- 미래에 필요한 협동조합은 어떤 형태일까?

협동이 민주시민의 제1덕성이 되는 사회를 향하여 떠나는 모험에 길잡이가 될 질문들이다. 잘 조직된 질문이 답을 향한 길을 내어준다고 했다. 이 질문들을 품고 이제 또 닻을 올릴 때이다. 한층 더 사람들의 이야기와 그들의 활동이 보이는 협동조합 이야기를 담아낼 수 있도록, 협동조합으로 다가올 미래를 설계하고 상상할 수 있도록, 그런 글을 써나가야겠다고 다짐한다.

별을 헤는 마음으로…

이 글을 쓰는 동안 많은 친구들이 내게 먹을 것, 마실 것들을 시시때때로 보내주었다. 쌀, 김치, 막걸리, 연미주, 배도라지청, 약쑥, 한과, 버섯, 막장, 박대, 꾸러미 등…. 그들의 선물이 나의 살림을 지켜주고, 나의 고단함을 위로해주고, 나의 작업을 응원해주었다. 말로 다 할 수 없을 만큼 고맙고 든든하다. 내가 받은 그 커다란 선물에 비하면 보잘것없지만 이 책으로 그들에게 답례하고 싶다. 별을 헤는 마음으로 그들의 이름을 하나씩 새긴다.

사회박물관 전경과 내부

필자가 가장 많은 사료를 찾은 프랑스 파리 7구에 있는 사회박물관(musée social)이다. 1889년 파리에서 개최된 만국박람회에서 사회적경제관에 전시되었던 많은 자료들을 장기적으로 보존하기 위하여 1894년에 설립되었고 이후 공익재단으로 인정받았다. 세계 최초로 사회적경제 및 사회복지와 노동과 관련된 자료를 수집하여 보전하고 있다.

들어가며

1. 협동조합, 300년+a의 역사

역사를 다루려면 우선 시점을 정해야 한다. 협동조합은 언제, 어디서, 누가 어떻게 시작했을까? 협동조합 교육을 받아보았거나 이 분야에서 활동하는 이들은 아마 1844년에 영국의 로치데일에서 설립된 소비자협동조합인 '로치데일의 공정개척자The Rochdale Society of Equitable Pioneers'라고 답할 것이다. 그런데 놀랍게도 기록*에 따르면 최초의 협동조합은 1750년대에 시작되었다고 한다. 하나는 프랑스의 프랑쉬꽁떼Franche-comte에서 설립된 치즈생산자협동조합이고, 또 하나는 영국 런던에서 설립된 화재보험공제회mutual fire insurance society이다. 세 번째는 벤

---

* Jack Shaffer, 《협동조합운동 역사사전Historical Dictionary of the Cooperative Movement》, Scarecrow Press, 1999. 저자인 잭 셰이퍼(1925~)는 미국 국제개발국의 협동조합 개발 코디네이터와 협동조합 진흥진보위원회의 집행위원장을 역임했다.

저민 프랭클린이 주도하여 설립한 '필라델피아 화재손실주택보험공제회[Philadelphia Contributionship for the Insurance of Houses from loss of fire]'이다.

언급한 문헌은 1999년에 발간된《협동조합운동 역사사전》[이하《역사사전》]으로, 1998년까지 세계 각국의 협동조합이 설립된 연도를 세세히 기록하고 있다. 일종의 협동조합 연대기인 셈이다. 1~39쪽에 걸쳐 각 나라의 부문별, 업종별 최초의 협동조합과 연합회, 그리고 국제협동조합연맹[ICA]의 일대기와 중요한 문서와 행사도 담고 있다.

프랑스의 경우는 납득이 가는데 왜 영국은 협동조합의 역사에 공제조합이 기록되어 있을까 궁금했다. 그래서 궁금증을 풀고자 인터넷을 검색했다. 공제조합인 'mutual society'를 쳐본 결과 런던에서 설립된 'Hand in Hand'라는, 우리말로 '손에손잡고'라는 화재생명보험공제회를 발견했는데 놀랍게도 설립연도가 1696년이었다.《역사사전》의 기록보다 54년이나 앞선 셈이다. 이 공제조합의 역사를 찾아보니 1666년에 일어난 런던 대화재 이후, 이에 대비하기 위하여 설립된 세 조직 중 하나라고 되어 있었다.

그런데《역사사전》의 저자 잭 셰이퍼[Jack Shaffer]의 책을 주로 참고하여 협동조합운동의 역사를 다룬 또 다른 책*에서 저자

---

* George Cheney,《협동조합운동 The cooperative movement》, Ashgate eBook, 2007.

는 영국의 화재보험 공제조합이 1700년대 초에 조직되기 시작했다고 썼다. 그리고 나는 1696년에 설립된 '손에손잡고' 공제회를 발견한 것이다. 이렇듯 저자에 따라 협동조합의 역사는 최소 270년, 최대 325년쯤 되니 적지 않은 간극이 있다. 그래서 300년이라는 선에서 타협을 보되, 내가 찾아 확인한 것을 없는 것으로 취급할 수 없으니 +α를 붙여 300년 이상의 역사로 정리하겠다.

2. 조직, 부문, 운동으로서의 협동조합 역사

역사를 돌아보기 전에 먼저 짚고 넘어가야 할 문제가 있다. 협동조합이라고 했을 때 그 의미는 단지 협동조합이라는 조직만 지칭하는 것은 아니라는 점이다. 그래서 역사를 돌아볼 때 우리는 레이들로A. F. Laidlaw 박사가《서기 2000년의 협동조합》서문에서 밝혔듯이 협동조합운동cooperative movement, 협동조합 부문cooperative sector, 그리고 협동조합 조직cooperative system이라는 세 층위에서 다룬다는 것을 미리 일러두고자 한다. 협동조합운동은 "협동조합의 철학과 원칙에 입각하여 일정한 사회·경제적 목표를 달성하기 위하여 함께 활동하는 사람들의 개념을 표현"한다. 협동조합 부문은 "경제 전체에서 공기업이나 사기업이라는 두 가지 범주와 달리 협동조합에 의해 수행되는 부분"을 뜻한다. 협동조합 조직은 "보다 좁은 의미로서 협동조합의 전체적인 운동 내의 다양한 상업 조직이나 사업 조직에 적용된다."

이러한 구분을 기준으로 보면 협동조합을 어떤 측면에서 다룰 것인지가 달라진다. 개별 협동조합 조직을 다룰 때는 운영이나 경영의 문제에 초점을 맞춘다. 협동조합 부문과 관련해서는 법과 제도의 문제와 더불어 경제의 다른 부문인 영리기업과 공공부문과의 관계를 다룬다. 마지막으로 협동조합운동은 사회와의 관계에서 협동조합의 역할이나 기여의 측면에서 시대 인식을 통해 협동조합이 나아갈 방향을 모색하는 비전이나 전망을 다룬다.

협동조합을 설립하고자 하는 이들이나 이미 설립하여 운영하는 이들은 대부분 조직으로서의 협동조합에 집중하며, 부수적으로 관련법과 제도 문제를 다룬다. 그런데 사회 변화의 주체라는 운동으로서 협동조합의 역할에 대해 고민하며 전략을 세우는 사람은 보기 드물다. 하지만 협동조합이 협동조합답게 운영되고 지속가능하려면 이 세 가지 측면을 두루 고려해야 한다. 그래서 이 장에서는 협동조합의 역사를 운동, 부문, 조직을 아울러 살펴볼 것이다.

3. 연기론적 관점의 협동조합 역사

한 사람의 생애주기를 생로병사로 요약하고, 역사를 다룰 때는 보통 흥망성쇠의 관점에서 기원과 시작, 성장과 발전, 그리고 쇠락이라는 구도를 따른다. 하지만 이 책에서는 그러한 발전론적 혹은 진화론적 관점이 아닌 연기론(緣起論)적 관점으로 서술하고자 한다. 연기란 '말미암아 일어난다'는 뜻이다. 또한 연기는 '이것이 있으므로 저것이 있다, 이것이 없으면 저것도 없다'는 공간상의 상호관계와 '이것이 일어나므로 저것이 일어난다. 이것이 사라지면 저것도 사라진다'는 시간상의 상호관계로 구분된다. 즉 연기론은 상호관계, 인과관계를 설명하는 법칙이다.

사람들의 결사체인 협동조합을 호혜와 연대를 기반으로 하는 활동이라고 한다. 호혜와 연대는 관계의 언어이다. 그러므로 협동조합은 무엇을 주고받으며 어떤 관계를 맺는가의 문제라고도 할 수 있다. 또한 관계는 항시 변하게 마련이므로 변화하는 관계의 역동성을 다루는 것 또한 협동조합에 접근하는 데 필요한 관점이다.

이러한 까닭에 이 책에서는 협동조합의 탄생이 어디에서 비롯되었고 어떻게 변화했는지, 또한 그것이 일어남으로 해서 어떤 다른 일이 일어났는지, 즉 단독자로서의 협동조합이 아니라 이어지고 관계 맺는 협동조합의 역사를 서술한다. 언제, 어디서, 누군가에 의해 만들어진 협동조합이 있을 때, 그 시작은 어떻게 일어났는지 추적하다 보면 더 이전으로 거슬러 올라가게 된다. 예컨대 한국의 협동조합기본법이 제정된 데에는 여러 가지 중에서 유엔의 '세계 협동조합의 해' 선포가 있었고, 그 전에는 유엔과 ICA의 협력이 있었고, 그것은 ICA가 사회 평화와 세계 평화를 위해 설립되었기 때문이고, 그러한 목적으로 설립한 까닭은 ICA 설립의 주역들이 사회 갈등과 국가 간의 전쟁을 막는 데 협동조합이 기여했으면 하는 열망을 가지고 있었기 때문이다. 그리고 그러한 열망은 19세기가 좌우의 이념에 따른 계급 갈등으로 사회가 불안하고 제국주의의 발흥으로 국제전의 위협이 도사리고 있었던 시기이기 때문에 생겨난 것이다. 이렇듯 협동조합이 만들어지고, 협동조합 부문이 연합하고, 다른 나라 협동조합들과의 연대가 이루어진 과정은 거꾸로 거슬러 거슬러 올라갈 수 있는 역사가 된다. 흥망성쇠가 아니라 일으키고 일으킨 '기업(起業)'의 역사다. 협동조합의 정의에 공동으로 소유되고 민주적으로 통제되는 'enterprise'라고 되어 있는 것도 이 때문이다. company, firm, corporation과 같은 상법상의 지위를 지칭하지 않고 '사람들의 결사체가 일으킨 업'이라는 뜻이다. 사회적기업을 social enterprise로 쓰는 것도 같은 이치다. 그래서 사회적기업은 항상 '사회적기업가social entrepreneur'나 '사회적기업가 정신social entrepreneurship'과 함께 사용된다.

연기론적 관점으로 협동조합을 보면 생겼다가 사라지는 것이 아니라 먼저 있었던 협동조합은 다음에 올 협동조합의 토대가 되고, 성공하고 실패한 협동조합이 아니라 다음에 올

협동조합의 거름이 된 협동조합이 된다. 또한 협동조합을 만든 사람들에게는 그들에게 영감을 준 선구자들이 있었고, 선구자들이 이루지 못한 뜻을 후예들이 이어 이룩한 업적이 있다. 이렇듯 협동조합의 역사는 관계 맺고 이어져 여기까지 온 사람들의 역사이자 그들이 일으킨 업의 역사다. 산꼭대기의 물이 흐르고 흘러 강을 이루고 바다에서 만나듯 하나의 협동조합은 커다란 협동조합운동의 바다에서 만난다. 그러니 협동조합 조직은 협동조합 부문과 협동조합운동과 떨어질 수 없다. 이러한 관점을 바탕으로 이 책은 협동조합 조직에서 협동조합 부문을 형성하고, 부문에서 협동조합운동을 구축하는 과정을 다룬다.

또한 300년 이상 된 역사의 마디마디에 이름을 붙여주었다. 하나의 협동조합 조직의 태동, 그 조직들 간의 협동으로 건설한 협동조합 공동체들과 협동하는 사람이라는 신인류, 그 신인류가 만들고자 한 사회와 세상이라는 이상과 비전, 그리고 새롭게 변화하며 지금껏 이어져 온 협동조합이라는 조직과 부문과 운동의 정체성이다. 이 네 가지 역사의 마당에서 벌어진 주요한 사건을 기술하고 해석함으로써 '나는 누구, 여긴 어디?'라는 물음에 답한다.

역사를 300+α라는 어정쩡한 수치로 제시할 수밖에 없는 것이 협동조합의 현실이다. 그만큼 협동조합을 연구할 수 있는 역사 문헌이 충분하지 않다. 역사는 사관에 입각한 '해석 투쟁'이기도 하지만 그 해석 또한 가용한 사료에 의존할 수밖에 없다. 사료란 공식적으로 발간된 문헌뿐 아니라 인터뷰나 시청각 자료 등 다양할 수 있다. 그래서 이 책에서는 제한된 문헌을 보완할 수 있는 다양한 자료를 동원할 것이다. 이러한 작업을 할 때 필자가 직접 보고 듣고 찾은 것들을 충분히 활용할 것이나 출처를 분명히 밝힐 것이다. 또한 어느 누가 이런 말을 했더라, 이렇게 썼더라 하는 단순 인용을 가급적 피하고, 얻은 정보를 확인한 후 근거가 명확할 때 사료로 활용할 것이다.

필자가 이 부분을 거듭 강조하는 까닭은 협동조합을 비롯하여 사회적경제에 관한 글을 보면 누가 언제 말했는지 출처를 알 수 없어 그 진위 여부를 파악할 수 없는 글들이 유령처럼 떠돌아다니기 때문이다. 특히 해외 사례를 다룰 때 인물, 조직, 제도 등에 많은 오류를 확인할 수 있었다. 그릇된 자료를 검증하지도 않고 사용한다면 그 결과 역사는 왜곡되어 이해될 수밖에 없고, 그렇게 해석된 역사는 신빙성이 떨어질 것이다. 따라서 필자는 제한된 자료에 만족하지 않고 직접 발로 뛰어 듣고 본 모든 자료를 총동원하여 역사를 되짚어볼 것이나, 그 모든 사료는 근거를 밝힐 것이다. 그렇게 최소한 신뢰할 만한 자료에 입각하여 필자의 해석을 덧붙여 300년+α의 역사를 조명해보고자 한다.

4. 경쟁하지 않을 자유, 협동할 권리를 향한 길

역사를 다룰 때에는 시점과 대상과 관점이 필요하다. 하지만 이 세 가지는 기본 요건이지 서술의 길잡이가 되지는 못한다. 길잡이는 방향을 알고 안내한다. 사람들의 결사체 association 로서 협동조합의 역사는 한편으로는 경쟁하지 않을 자유를 추구하는 저항의 역사이며, 다른 한편으로는 협동할 권리를 획득하기 위한 건설과 창조의 역사다. 이러한 방향에서 서술하는 까닭은 다음과 같다.

첫째, 협동조합이 본격적으로 등장한 시기는 1763년에 시작된 산업혁명 이후이다. 새로운 생산동력을 얻은 산업은 생산력을 증대하며 이윤을 극대화하기 위한 경쟁에 혈안이 되어 있었다. 그 과정에서 살인적인 노동 조건을 강요받은 노동자들은 생명의 위협을 느낄 정도였으나 이를 피해갈 방법이 없어 희생을 감내해야 했다. 로치데일 공정개척자들이 잘나가던 방직공장에서 일했으면서도 소비협동조합을 만든 것도 이 때문이다. 섬유산업이 호황을 누리던 시기, 시장의 수요에 부응하기 위해 생산력을 증대해야 했던 공장들은 노동자들에게 쉴 틈을 주지 않고 장시간 노동을 요구하면서도 먹고살라고 주는 임금에는 몹시도 인색했다. 그러한 경쟁 체제에 희생되는 삶에서 해방되고자 했던 열망이 공정개척자들을 다른 길로 이끌었던 것이다. 기업들 간의 경쟁은 필연적으로 노동자들의 희생을 동반하므로 경쟁하지 않을 자유를 추구한다는 것 자체가 기존 체제에 대한 저항을 의미한다.

둘째, 공장 밖에서 다른 길을 찾는 과정은 험난했다. 가진 것 없는 노동자들이 함께 살 길을 도모하기 위해 모여 조직을 만드는 것조차 용인되지 않는 시절이었다. 집회와 결사의 자유를 탄압 받는 시대였던 것이다. 그래서 장인들을 부리던 돈 많은 고용주들의 단체는 용인되었지만 같은 업종을 가진 장인들이 동업조합을 만드는 것은 금지되었다. 그렇기에 협동조합의 역사는 똘똘 뭉쳐 함께 살 길을 마련하기 위한 권리를 획득하는 과정이었으며, 그 길은 참으로 길고 험난했다. 20세기 들어서야 결사체^{association}법이 도입되면서 집회와 결사의 자유가 보장되기 시작했고, 이후 협동조합에 관한 법 또한 제정되기 시작했다. 한국에서 2012년이 되어서야 협동조합기본법이 제정된 것만 보더라도 경쟁하는 기업이 아닌 협동하는 기업을 만들 권리를 획득하는 것이 얼마나 지난한 과정인지 짐작할 수 있을 것이다.

이렇듯 협동조합의 역사는 경쟁하지 않을 자유를 확장해 가는 과정이며, 협동할 권리를 쟁취하는 과정이었다. 그런데 이렇게 길고 험난한 길을 걸을 수 있었던 것은 인간답게 살고자 하는 열망이 있었기 때문이며, 그 열망을 실현하기 위해 우리는 함께한다는 운명공동체 정신으로 결속되었기 때문이다.

아직도 우리가 살고 있는 사회는 도처에 경쟁을 강요하는 제도로 사람들을 피 말리게 하고 있다. 교육의 현장에서는 입시경쟁이 아이들의 정신을 황폐화하고 있고, 먹고사는 문제를 해결하기 위한 시장에서는 기업들 간의 가격경쟁이 노동자들에게 저임금을 강요하고 해고와 구조조정으로 일자리를 불안하게 만들고 있다. 이런 경쟁 문화는 사회적경제의 현장에도 침투하여 각종 공모사업으로 사회적경제 기업들 간의 협동을 저해하고 있다. 최근 협동조합 부문 안에서도 생존을 위해 일반 기업과 경쟁하기 위하여 규모를 키우는 동시에 '탈협동화demutualisation'하는 흐름이 가속화되고 있다고 한다. 이런 사회 분위기에서 협동하기 위해 결속한 협동조합의 생존과 지속가능성 또한 장담하기 어려울 것이다.

이러한 사회경제적 조건은 협동조합이 직면하고 극복해야할 도전의 과제를 안겨준다. 입시경쟁이 지배하는 교육 현장이기에 학교협동조합의 요구가 있었고, 유통경쟁으로 생산자들에게 가격을 후려치는 관행 때문에 생산자와 손을 잡은 소비협동조합이 탄생했다. 이처럼 협동조합은 적대적인 환경에서 자신의 장점을 살려 지속가능성을 확보해왔던 저항과 건설의 역사를 이어왔다. 그러므로 우리는 협동조합 300년+α의 역사를 경쟁하지 않을 자유와 협동할 권리를 향한 대장정의 역사로 기록할 것이다. 그 여정에서 헤아릴 수 없이 많은 협동조합이 태어나서 자라다 상처 입고 쓰러지기도 했으며, 병들어 시름하다 사라지기도 했다. 하지만 먼저 간 이들이 나중에 온 이들의 거름이 되어준 세대간 협동이 있었기에 협동조합 300년+α라는 장엄한 파노라마를 펼칠 수 있었을 것이다. 이 파노라마를 병풍을 감상하듯 8개의 주요 연도를 중심으로 차례차례 살펴보고자 한다.

태동

1장

1696년,
협동조합 태동하다
협동조합계의 호모 에렉투스 출현

《역사사전》에 따르면 최초의 협동조합은 1750년경으로 거슬러 올라간다고 되어 있다. 하나는 영국의 런던에서 탄생한 '화재보험공제회mutual fire insurance society'이고, 다른 하나는 프랑스의 프랑쉬꽁떼에서 설립된 치즈생산자협동조합이다. 세 번째는 미국의 유명한 정치인인 벤저민 프랭클린이 주도하여 설립한 '필라델피아 화재손실주택보험공제회Philadelphia Contributionship for the Insurance of Houses from loss of fire'이다. 협동조합의 가장 오래된 조상에 대한 정보는 《역사사전》에 달랑 아홉 줄로만 기록되어 있었고 추가 정보는 하나도 없었다. 그때부터 의문이 꼬리에 꼬리를 물었다. 왜 협동조합의 조상에 공제회 이름이 올라가 있지? 그 공제회는 협동조합과 무슨 상관이 있는 걸까? 무슨 일이 있었기에 런던에서 처음 만들었을까?

반면 프랑쉬꽁떼의 치즈생산자협동조합에 대해서는 별 의문이 없었다. 왜냐하면 꽁떼 치즈는 프랑스에서 아주 유명한 치즈이기 때문이다. 우리나라의 상주곶감과 비슷하다고나 할까? 상주에서 가장 품질 좋고 맛있는 곶감이 다량 생산되듯 프랑쉬꽁떼 또한 그런 곳이다.

1. 삶의 터전을 잃고 난 후의 대비책, 공제회*

그래서 런던의 화재보험공제회에 대해 폭풍 검색을 시작했는데, 그 과정에서 아주 새로운 사실을 알게 되었다. 우선 《역사사전》에 기록된 연대기와는 달리 런던에서 설립된 공제회는 1750년이 아니라 1696년 11월 12일에 설립되었으며, 그 이름은 88올림픽 때의 그 유명한 노래 제목과 같은 '손에손잡고 Hand in Hand'였다. 당시 영국에는 이미 '화재사무소 Fire Office'와 우애조합 Friendly Society이라는 곳도 있었는데 손에손잡고가 공제회의 원칙에 의거하여 설립되었기에 이를 최초

---

* 이 장에서는 각 나라에서 당시에 사용하던 공제회, 구호회, 상호구호회, 우애조합 등 공제조합에 해당되는 다양한 명칭을 그대로 번역한다. 특히 영국의 전통에서는 당시에 공제조합이나 협동조합을 회(society)로 표현했다. 이렇듯 나라마다 사회적경제 조직을 표현하는 방식이 다르다. 이후에 나올 로치데일 공정개척자회를 현재는 소비협동조합이라고 보지만 원래 명칭은 '로치데일 공정개척자회'이다. 물론 society를 회사로 번역할 수도 있겠지만, 회사의 경우 company라는 단어가 있으며, 문학회 같은 동호단체 또한 society로 부르기에 여기서는 '회'로 통일하기로 한다.

로 간주하는 것이다.[*]

　손에손잡고는 런던의 세인트마틴가[St Martin's Lane]에 있는 톰스 커피하우스[Tom's Coffee House]에서 첫 모임이 이루어졌다. 런던 한 복판의 다방에서 어제의 용사들이 모인 것이다. 당시에는 '화재로 손실된 주택, 거실 또는 방의 보험을 위한 기여자들의 우애의 기여[Contributors for Insuring Houses, Chambers or Rooms from Loss by Fire, by Amicable Contribution]'라는 아주 긴 명칭을 사용했다. 이후 몇 차례 명칭이 바뀌었다가 1905년 문을 닫기 전 마지막 이름은 '손에손잡고 화재생명보험회사[Fire & Life Insurance Society][**]였다. 설립된 배경에는 1666년에 발생한 그 유명한 런던 대화재가 있었다. 대화재는 일요일부터 목요일까지 닷새간 계속되면서 런던 시내를 휩쓸어 귀족과 평민의 거주지를 가리지 않고 많은 가옥과 성당 등을 불태웠다. 손에손잡고는 이 화재가 불러온 경각심에서 비롯되었다. 그런데 30년이라는 시차가 발생한 것이 다소 이상하게 보일 수 있다. 추측컨대 화재 복구에 많은 시간이 걸렸고, 또 공제회를 준비하고 조직하는 데도 많은 시간과 노력이 필요했기에 그러했으리라 짐작된다.

---

[*] 실제 영국의 브리스톨시에서 운영하는 사이트 Bristol's Free museums and historic houses에 손에손잡고를 "근대협동조합의 선구자"라고 소개한다.
http://museums.bristol.gov.uk/narratives.php?irn=16104

[**] https://www.aviva.com/about-us/our-heritage/timeline/

'손에손잡고' 회의록(1696)

1696년 11월 12일, 영국 런던의 톰스 커피 하우스에서 이루어졌던 '손에손잡고' 첫 모임의 회의록으로, 아비바 아카이브가 보관하고 있다.

출처: http://www.aviva.com/about-us/
heritage/events-timeline/non-flash/

하여튼 도시 인구 8만 명 중 7만 명의 가옥이 불탔으니 사람들은 어렵게 일군 삶의 터전이 한순간에 재로 변하는 것을 보며 큰 충격을 받았을 것이며, 그러하니 먹고사는 일도 중요하지만 이러한 위험에 대비하는 일 또한 무척 중요하다는 것을 깨달았을 것이다. 1666년이면 아직 산업혁명이 일어나기 전이지만 런던이라는 도시는 이미 많은 인구가 밀집한 도시로 성장하던 중이었기에 화재가 발생하면 잇달아 피해가 번지는 형국이었다. 오늘날 코로나19가 대도시에서 더욱 많은 감염자를 발생시키는 것과 비슷한 맥락이다.

2. 미국 건국의 아버지가 만든 공제회

손에손잡고는 런던 대화재 이후 설립된 보험 회사 세 곳 중 하나로 1696년에 설립되어 1905년까지 명맥을 유지하고 사라졌으니 무척이나 명줄이 길었다고 할 수 있다. 이 공제회의 역사는 미국으로까지 이어진다. 당시 영국에서 미국으로 이주한 사람들이 많았는데, 이주민들이 1735년에 남캐롤라이나주의 찰스턴에서 '찰스턴 우애조합Friendly Society of Charleston*'이라는 이름으로 설립했다. 그런데 찰스턴 우애조합은 1740년에 발생한 큰 화재로 엄청난 손실을 입어 문을 닫게 되었다.

찰스턴에서는 짧은 생을 마감하고 끝이 났지만 실제 미국에서 공제조합은 벤저민 프랭클린Benjamin Franklin 덕분에 본격적인 역사를 맞이한다. 평소 화재 예방에 관심이 많았던 그는 1736년에 자원봉사자들로만 구성된 결사체인 '화재대책연맹Union Fire Company'을 만들었다. 하지만 얼마 안 가서 단순히 자원봉사자들로만 구성할 경우 화재로 인한 손실을 보전할 수 없다는 한계가 있음을 깨닫는다. 그래서 영국을 방문

---

* 우애조합(friendly society)은 영국에서 1875년에 법이 제정되었지만, 법제정 전인 17세기 말부터 이미 그 명칭이 사용되어왔다. 그리하여 영국 출신이 미국에 정착했을 때 우애조합이라는 용어를 사용한 것이다. 당시 영국에서 공제조합의 성격을 가진 조직의 명칭은 손에손잡고와 같은 amicable contributionship, 공제조합(mutual society) 그리고 우애조합(friendly society) 세 가지가 사용되었다.

했을 때 알게 된 손에손잡고의 경험에 비추어 화재와 싸우는 조직이 아니라 화재로 인한 죽음과 재산 피해 등을 대비하는 보험을 설계하기로 했다. 그리하여 1752년에 친구들과 함께 화재 대비 주택손실보험 회사를 설립했다. 회사명은 손에손잡고 조직의 본명인 우애조합Amicable Contributionship을 따라 '필라델피아 화재손실주택보험공제회Philadelphia Contributionship for the Insurance of Houses from Loss by Fire'*라는 이름으로 지었다. 이 공제회는 미국에서 가장 오래된 것으로 아직도 영업 중이다.

벤저민 프랭클린이 1752년에 세운 필라델피아 화재손실주택보험공제회 건물(왼쪽)과 문장(위)
출처:위키피디아ⓒBeyond My Ken

---

* https://mutual-assurance.com/home/about/our-history/

3. 공제회가 협동조합의 조상이 될 수 있는 까닭은?

런던에서 처음 만들어진 이유에 이어 이제 두 번째 질문에 답해보자. 왜 협동조합운동의 역사에 공제회가 있을까? 이 질문에는 두 가지 답이 있을 수 있겠다. 우선 17~18세기 당시, 그러니까 협동조합이나 공제조합과 같은 사회적경제 조직이 태동할 시기에는 현재와 같은 뚜렷한 구분 없이 '노동결사체workers' association'로서 공통의 성격을 가졌기 때문이라 할 수 있다. 즉, 둘 다 산업혁명이 일어나기 전후 노동자들의 먹고사는 문제를 해결하거나 살면서 겪을 수 있는 위험이나 재해에 대비하기 위한 자구책으로서의 성격을 가진다는 것이다.

두 번째 답은 영국 협동조합운동의 특성에서 찾아볼 수 있겠다. 우선 영국의 경우 본격적인 협동조합운동이 시작되기 전 공제조합운동이 활발하여 협동조합에 영향을 미쳤던 것으로 보인다. 특히 로치데일 공정개척자회의 모델이 된 것은 맨체스터에 있는 '질병장례구호회'였다. 그리하여 공정개척자회의 설립을 주도했던 찰스 하워스Charles Howarth는 "상호부조에 토대를 둔 소비협동조합을 구상"했던 것이다(겔랭, p. 33). 그러니까 공정개척자회의 사업 모델은 소비협동조합이지만 조직 운영 모델은 공제회와 상당히 유사함을 알 수 있다. 이 부분에 대해서는 2장에서 좀 더 구체적으로 다룰 것이므로 공제회의 조직 운영의 관점만 살펴보자.

많은 나라에서 협동조합보다는 공제조합이 제도적인 인정을 먼저 받았다. 그 중 프랑스의 '상호구호회'는 가장 먼저 공식적인 제도로 인정 받은 조직이다. 1806년에 도입된 제도에 따르면 상호구호회를 다음과 같이 정의하고 있다. "상호구호회는 일종의 가족과 같은 결속력을 통하여, 같은 계층의 개인들이 질병과 노령에 대비하여 자원을 상호부조하는 진정한 우애의 회이다"(셀랭, p. 145). 이 정의를 보면 알 수 있듯 상호구호회나 공제회 등의 공제조합은 그 조직에 참여하는 이들은 서로 남이지만 가족과 같은 결속력을 가진다. 그래서 가족 간에는 '니꺼 내꺼' 따지지 않고 어려울 때 서로 돕듯이 많든 적든 각자 가진 것을 내놓아 자원을 상호부조한다.

다른 한편으로 그들의 관계는 가족적이지만 부모자식과 같은 위아래가 아니라 형제자매와 같은 우애로 결속되어 있다. 그래서 영국의 경우 공제조합을 우애조합인 'friendly society'라고 부른다. 이렇듯 공제조합은 구성원들 사이의 끈끈하지만 평등한 관계를 토대로 하며, 미래에 닥칠 어려움에 대비하고 예방하는 자구적인 안전망이라고 볼 수 있다.

4. 협동조합이 탄생한 시기는 어떤 세상이었을까?

협동조합이 탄생한 시대를 가늠해보자. 영국의 경우에는

아직 증기기관차의 발명으로 상징되는 산업혁명이 시작되기 전이었지만 인클로저enclosure로 인하여 이미 농촌의 공동체가 해체되던 시기였다. 인클로저란 말 그대로 공유지와 초원, 목초지 등에 울타리를 쳐서 들어가지 못하게 하는 것이다. 영국에서는 12세기에 인클로저 운동이 시작되어 1450~1640년에 급속히 진행되었다. 그러다 보니 땅을 소유하지 못한 평민들은 그들이 소유한 가축들에게 풀을 뜯어먹게 할 수 없게 되었고, 약초나 나물을 캐서 식량을 조달하는 것 또한 불가능하게 되어 먹고살 길이 막막해졌다. 유럽의 다른 나라와는 달리 영국의 경우 산업혁명 바로 이전에 급속히 인클로저가 이루어졌고, 19세기 말에는 사실상 완료되었다.

가진 것 없는 보통사람들commoners은 땅이 곧 식량 창고나 마찬가지인데, 그 땅에 들어갈 수 없었으니 지상의 양식도 얻을 수 없게 되었다. 그러니 하나 둘 농촌을 떠나 도시로 이주하기 시작했고, 갑자기 사람들이 몰려든 도시는 열악한 주거 공간에 많은 사람들을 쑤셔 넣으며 뭐든 할 준비가 되어 있는 값싼 노동력을 보유하게 되었다.

다른 한편, 협동조합이 시작될 당시는 봉건시대를 지나 계몽주의운동이 시작될 시점이기도 하다. 협동조합이라는 결사체는 '내 팔자려니' 하며 주어진 운명에 체념하고 살아가는 사람은 엄두도 못 낼 일이다. 어느 시대건 항상 송곳처럼 뚫고 나오는 사람이 있는 법, 기계문명만 발달하는 것이 아니라 사람의 의식도 성장한다. 아니 오히려 사람의 의식이 발달했기 때문에 새로운 문명을 탄생시켰을지도 모른다. 사실 산업혁명 이전에 인간 정신에 빛을 비추어 그 힘으로 무지몽매한 인간의 의식을 발전시켜 어두운 삶에서 해방되고자 하는 운동이 있었다. 그것을 계몽주의라고 한다. 대략 1700년대 초에 시작되어 프랑스 혁명이 일어난 1789년까지 지속된 운동으로 중세의 암흑기를 벗어나고 지식을 전파하고자 하는 지식인의 운동이다. 철학자들과 지식인들은 과학을 장려하고, 미신, 정치와 종교 부문에서의 불관용(不寬容) 및 교회와 국가권력의 남용에 반대했다.

14세기에서 16세기에 문예부흥운동(르네상스, Renaissance)으로 종교개혁이 이루어졌듯이 계몽주의운동은 산업혁명이라는 과학기술의 발달만 촉진한 것이 아니라 인간의 운명을 개척하는 새로운 정신도 발전시켰다. 공제조합이나 협동조합과 같은 노동결사체도 이러한 시대의 분위기 속에서 탄생했다고 할 수 있다.

다른 한편으로, 벤저민 프랭클린이 영국의 우애조합Amicable Contributionship을 본떠서 미국 남캐롤라이나주에 공제회를 만들었다. 그런데 남캐롤라이나주는 영국 왕이 1663년부터 식민지화하기 시작했던 곳이다. 그러니 많은 영국인들이 신대륙에 정착하며 영국의 문화를 전파했을 것이며, 상호 교류가 있었을 것이다. 미국은 1776년에야 영국령 식민지였던 13개주가 독립하여 미국이라는 나라를 구성했던 역사가 있다. 따라서 미국판 손에손잡고는 아직 미국이라는 나라로 독립하기 전 영국령 식민지 시대의 산물로, 엄밀히 따지면 미국 최초의 공제회라기보다는 미국 땅 최초의 공제회라고 해야 무방할 것으로 보인다. 그렇지만 벤저민 프랭클린이 미국 건국의 아버지라고 불리는 만큼 그가 주도해서 만든 공제회를 미국 최초라고 할 수도 있겠다. 이렇듯 역사는 항상 다양한 해석의 여지를 남긴다.

한국의 역사에서 공제조합과 비슷한 역사를 가지는 것으로 '계'가 있다. 그 시작이 언제인지는 분분하나 대부분이 상호부조의 목적을 가지며 민초들의 삶에 깊이 뿌리내려 조선시대에 이미 널리 퍼져 있었다고 한다. 하지만 당시의 계는 전통사회의 자발적인 상호부조 모임이나 조직이었기에 구성원 사이의 평등한 관계에 기초한 결사체라고 보기는 어렵다. 이러한 계의 전통이 일제강점기때 탄압을 받아 금지된 것으로 보아 식민시대 동안 계가 민의 자발적인 결사체로 거듭나는 과정에 있었음을 짐작할 수 있겠다.

한편, 1696년이면 우리나라의 역사에서 조선 숙종이 집권하던 시기로 그의 아들 영조가 두 살 되었을 때이다. 공제회가 확산되던 시기는 영조를 이어 1776년 정조가 즉위한 때로 다산 정약용을 비롯한 학자를 등용하여 성리학이 백성을 살찌우는 실용적인 학문이 되도록 권장하던 시대이기도 했다. 당시의 이러한 개혁적이고 실용적인 학문을 '실학'이라고 부르고, 정약용과 같은 이들을 실학자라고 칭하는 흐름이 있을 정도였다. 아직 본격적인 교류가 없던 유럽과 미대륙과 한국이었지만 역사는 이렇게 어느 정도 동시성을 가진다. 정약용의 목민심서와 같은 실용적인 학문의 성과는 그가 탄압받는 천주교도라는 배경과 무관하지 않을 것이다. 그가 서구의 평등사상에 영향을 받았기에, 당시는 왕조시대였고 산업혁명을 거치지 않았지만 벼슬아치들을 위한 학문이 아닌 백성을 위한 학문을 닦은 것이 아닐까? 당시 조선에서의 흐름이 유럽에서 협동조합과 같은 사회적경제가 탄생한 흐름과 연관성이 없다고 하기는 어려울 것이다.

5. 현생인류로 진화하기 전의 협동조합

이제 마지막으로 1696년을 호모 에렉투스(직립보행인간) 협동조합의 출현이라고 한 까닭을 말해야 할 시점이다. 인류의 역사에도 현생인류인 호모 사피엔스가 출현하기 전 직립보행을 한 호모 에렉투스가 있었고, 이 직립보행인간이 진화하여 오늘날 인류의 조상인 호모 사피엔스가 된 것이 정설이다. 마찬가지로 협동조합의 역사에서 근대적 협동조합의 시초를 1844년에 설립된 로치데일의 공정개척자회로 보는 것이 보편적이다. 이렇게 보는 가장 중요한 이유는 로치데일 공정개척자들의 운영원리를 기초로 하여 오늘날 우리가 사용하는 협동조합의 원칙이 마련되었기 때문이다.

하지만 엄밀히 따지면 로치데일은 스스로 협동조합이라고 부르지 않았고 공제회처럼 '공정개척자회'로 명명했다. 그러므로 손에손잡고나 공정개척자회는 같은 회society로서의 공통점을 가진다. 또 공정개척자회의 모델은 맨체스터 질병장례구호회에서 왔다. 이 조직은 손에손잡고와 마찬가지로 오늘날 우리가 공제조합이라고 부르는 모델로서의 공통점을 가진다. 그러므로 협동조합계의 현생인류라 할 수 있는 공정개척자들을 거슬러 올라가면 손에손잡고에 이른다.

어떤 것도 무에서 탄생할 수 없듯이 협동조합 또한 변화와 발전, 혹은 진화를 거쳐 만들어진 결과이다. 시조를 따지자면 중세의 길드와 같은 동업조합까지 거슬러 올라가겠지만 일단은 공통의 명칭을 중심으로 직접적인 연관성과 관계를 규명하는 것이 타당할 것이다.

하지만 이러한 판단 또한 현재의 시점에서 주어진 자료에 의거한 해석일 뿐임을 덧붙이고 싶다. 그리고 근대적 협동조합의 시작이 로치데일의 공정개척자들이라고 보는 것 또한 국제협동조합연맹ICA의 주된 흐름이긴 하지만 이견도 존재할 수 있다. 다만 이 장에서는 협동조합다운 꼴을 갖춘 협동조합 이전에 태동한 많은 협동조합들이 있었고, 그때는 공제조합과 협동조합으로 구분되지 않고 회로서의 공통점을 가지고 있었다는 점은 기억하도록 하자. 그러니 손에손잡고가 협동조합의 직계조상은 아닐지라도 뿌리는 될 수 있을 것이다.*

그런데 공제조합은 협동조합과는 달리 자기 직업을 가진 임금노동자들이 열악한 노동조건을 개선하고 노동자들의 권익을 향상하기 위해 설립된 노동조합운동과도 밀접한 관계를 가지고 있다. 영국과 미국의 사례에서 본 화재보험공제회와는 다른 공제조합의 한 축은 공장노동자들이 다치거나 일자리를 잃었을 때를 대비하고, 파업을 벌일 때 연대하며, 가장의 사망 후 남은 식솔들을 보살필 목적으로 설립된 경우가 많다. 왜냐하면 산업혁명 후에 노동조건도 열악하지만 당시에는 지금과 같은 사회보장제도가 없었고, 따라서 노동자와 사용자가 기여하여 운영되는 사회보험제도도 없었기 때문이다. 그리하여 많은 공제조합들은 노동자들의 주도로 만들어졌지만 사용자가 운영자금을 보태는 경우도 많았다. 때로는 노동자들이 과격해지는 것을 막기 위해 사용자가 공제조합을 활용하기도 했다. 사용자의 입장에서는 노동자들이 노동

---

* 1996년에 《*Hand in Hand 1696~1906*》라는 제목의 책이 발간되었다. 거기에 자세한 역사가 기록되어 있을 것이다. 또한 손에손잡고가 1905년에 Commercial Union에 합병되었는데, 이 기업은 현재 영국의 다국적 보험회사 Aviva의 전신이다. 그래서 Aviva archive는 손에손잡고와 관련하여 회의록부터 정책까지 다양한 자료를 보관하고 있다고 한다. 이러한 기록들을 토대로 향후 현재의 협동조합들과의 공통점과 차이점 등을 보다 구체적으로 밝히는 연구가 이루어져야 할 것이다. http://www.aviva.com/about-us/heritage/companies/hand-in-hand-fire-and-life/

조합을 만들어 파업을 벌이기라도 하면 어떻게 될까 하는 두려움이 있었기에 무슨 수를 써서라고 막을 심산이었다. 또한 공제조합을 지원하는 데 돈이 들어도 혹여나 노동자들이 노동조합을 만들어 파업을 벌임으로써 발생할 손실에 비하면 남는 장사였기 때문이다. 이러한 까닭에 노동조합을 비롯한 노동운동 진영에서 공제조합이나 협동조합을 개량적인 운동이라고 비하하기도 한다. 또 많은 공제조합보험들이 국가 사회보장제도의 발전으로 길을 잃기도 하고, 시장 사보험의 발달로 경쟁하게 되면서 정체성을 잃고 퇴화하거나 손에손잡고의 사례에서 보듯 일반 기업에 합병된 경우도 많다. 그렇지만 벨기에의 보험공제조합이 의료의집과 협약을 맺어 주치의제도를 실현할 수 있도록 해주는 사례에서처럼 공제조합이 협동조합의 든든한 파트너로서 역할을 이어가는 경우도 많이 볼 수 있다. 이런 측면에서 협동조합의 역사를 통해 공제조합의 역할을 재조명하는 것도 필요하다 판단된다.

2장

1844년,
지혜로운 협동조합 '로치데일 공정개척자회'
협동조합 세상의 호모 사피엔스

    협동조합의 역사에서 전 세계 협동조합운동의 지형을 바꾼 대표적인 사건이 두 번 있었다. 첫 번째 사건은 영국의 공업도시 맨체스터 외곽에서 '로치데일 공정개척자회Rochdale Society of Equitable Pioneers'라는 이름의 소비협동조합이 설립된 것이고, 두 번째는 1960년대 초 이탈리아에서 다양한 형태로 시작되어 1991년에 법이 제정된 사회적협동조합이다. 이 두 유형의 협동조합의 탄생은 수많은 협동조합 목록에서 단지 한 자리를 차지하는 위상을 뛰어넘는다. 공정개척자회는 협동조합으로 어떻게 경제를 민주화할 수 있을지 꿈을 꾸게 해주었으며, 사회적협동조합은 협동조합이 어떻게 지역사회를 품으며 다양한 이해당사자들의 협동을 담아내는지 보여주었기 때문이다. 이 장에서는 특히 공정개척자회의 사례를 통해

똘똘한 하나의 협동조합이 어떻게 협동조합운동의 지형을
바꿀 수 있는지 살펴보기로 하자.

1. 공정한 사회를 꿈꾼 공정개척자들

협동조합에 관한 교육을 받았거나 운영하는 사람들 중 많
은 이들은 공정개척자회가 최초의 협동조합이라고 알고 있
다. 하지만 공정개척자회 이전에도 영국에 이미 소비자협동
조합이 존재했다. 공정개척자회에 '최초'라는 수식어가 붙는
까닭은 탄생의 시점 때문이 아니다. 그보다는 최초의 근대
적인 협동조합으로서 혹은 '협동조합다운 운영원리'를 최초
로 정립하여 성공적으로 운영했기 때문이라고 보는 것이 맞
다. 그들의 운영원리는 국제 협동조합운동 조직인 ICA 차원
에서 오랫동안 논의되어 지금 우리가 사용하고 있는 협동조
합의 정체성을 확립하는 데 기여했다. 어떻게 이들의 탄생은
역사가 되었을까?

공정개척자회를 만든 사람들은 공업도시 맨체스터의 방
직공장 노동자들이었다. 영국은 1763년 산업혁명이 일어난
나라이고, 유럽의 다른 나라들에 비해 일찍 공업이 발달했
다. 특히 공정개척자들이 일했던 섬유산업 부문은 플란넬 판
매 증가로 이를 제작하던 작업장들이 한창 호황을 누리며 번

성하던 시기였다. 그런데 왜 그들은 그 바쁜 와중에 상점을 차리려고 했을까? 경기가 좋으면 돈도 많이 벌 것이라고 생각하겠지만 그렇지가 않았다. 오히려 늘어나는 시장의 수요를 감당하기 위해 노동시간은 길어졌지만 고용주들은 임금을 올려주지 않았다. 임금인상을 위해 파업이라도 할라치면 온갖 방해공작이 들어와 좌절되고, 앞장섰던 주동자는 고용주들에게 찍혀 다시 일자리를 구하기 어렵게 된다. 노동법도 없고, 사회보장제도도 없었던 19세기에 노동자들과 그 가족들을 보호해줄 수 있는 것은 아무것도 없었다. 그러니 더 이상 졸라매다가는 허리가 부러질 것 같은 쥐꼬리만 한 급여에 의존할 수만은 없는 일이다.

일자리가 필요한 건 먹고살기 위해서다. 특히 가난한 사람들의 생계에서 가장 큰 비중을 차지하는 것은 식료품이다. 방직공이었던 공정개척자들은 자신의 생계를 책임질 다른 방도를 찾아야 했기에 결사체를 조직하여 협동조합 상점을 열기로 결정한 것이다.

그런데 그들은 왜 노동자협동조합(노협)이 아니라 소비자협동조합 형태의 상점을 낸 것일까? 장시간 노동의 고통스러운 작업장을 떠나 노동자협동조합을 만들어서 스스로 고용하는 방법을 선택하는 것이 당연한 수순인 듯 생각할 수 있다. 하지만 노협은 아직 그들의 선택지가 되지 못했다. 왜냐하면 첫째, 노동자협동조합운동은 소비자협동조합운동보

1914년 이전의 아동 노동 사진
프랑스의 히브-드-지에(Rive-de-Gier)에 있는 유리제조공장
출처: 사회적경제재단 FONDES가 발간한 《사회적경제 역사》

다 조금 늦은 1830년대부터 프랑스에서 시작되었기에 당시
는 아직 제대로 된 모델이 없었고 잘 알려지지 않았기 때문
이다. 둘째, 방직공장의 노동자들이었던 로치데일의 개척자
들은 자기완결적인 기술을 가지고 완제품을 만들어 판매할
수 있는 전문 기능을 보유한 장인들이 아니었다. 그렇기에
노협은 선택지가 아니었을 거라는 합리적인 의심을 할 수 있
겠다. 나라마다 각각 다른 형태의 협동조합이 발전하는 데는
그 나라의 자연조건이나 산업 형태도 영향을 미친다. 이런
측면에서 볼 때 영국은 가까운 프랑스나 이탈리아, 스페인과
같이 장인들이 많은 나라가 아니어서 노협이 상대적으로 덜

발달한 까닭도 있을 것이다.

공정개척자들이 소비자협동조합이라는 대안을 찾은 것은 영국 협동조합운동의 특성에서 그 해답을 찾을 수 있다. 우선, 영국 협동조합의 역사에서 가장 큰 영향을 미친 로버트 오언Robert Owen의 존재다. 공정한 사회를 추구했던 오언은 소비협동조합 모델의 창설자이며, 협동조합의 기본이 되는 원칙을 세웠다. 그를 따르던 많은 이들이 소비자협동조합을 만들었는데 특히 그의 제자였던 윌리엄 킹William King*은 1828년에 브라이튼에서 최초의 협동조합다운 상점Union Shops을 설립하기도 했다. 당시 영국의 많은 협동조합들은 오언의 사상을 전파하기 위한 수단이었다. 그러다 보니 외상 판매, 배당금 분배 등 원칙 없는 경영을 하며 난립하는 실정이었다. 공정개척자회의 등장은 이렇듯 산만한 협동조합운동에 질서를 부여한 사건이었다. 협동조합다운 운영의 길을 찾았으니 그야말로 협동조합의 세상에서 호모 사피엔스가 출현한 것이다.

---

* 윌리엄 킹(1786-1865)은 의사 출신으로 〈협동조합인(The Co-operator)〉이라는 잡지의 설립자이다. 이 잡지는 영국에서 1825년부터 1830년까지 발간되었는데, 협동조합의 활동에 따른 모든 잉여금은 적립하여 가용 자본을 증가하도록 해야 한다는 생각을 옹호했다. 또한 그는 자주결정의 중요성과 노동중심성을 강조했는데, 특히 자본에 대하여 집단 노동의 중요성을 강조했다.

2. 어떻게 아무것도 없는 사람들이 서로 도울 수 있을까?

  30명 남짓의 미래의 공정개척자회 멤버들은 맨체스터에 있는 질병장례구호회 The Rational Association Sick and Burial Society에서 그들의 조직 모델을 보았다. 공제조합의 한 형태인 구호회는 멤버들이 탄탄한 우애에 기초하여 서로 돕는 방식으로 운영하므로 노동자들의 우애에 기초하여 협동조합을 만들고자 한 공정개척자들의 이상에 적합했을 것이다. 공정개척자회는 소비협동조합이지만 운영 전반에 걸쳐 공제조합의 운영 특성이 드러난다. 그들은 단지 소비를 편하게 하기 위해 공정개척자회를 만든 것이 아니라 노동자들과 그 가족들이 현실의 어려움을 함께 헤쳐 나가는 운명공동체가 되기를 바랐기 때문이다.

  이러한 까닭에 공정개척자들은 자신들의 운영원칙을 정립하기 전에 먼저 두 가지 근본적인 물음을 던졌다. 하나는 '어떻게 아무것도 없는 사람들이 서로 도울 수 있을까?'이고, 다른 하나는 '어떻게 사람들이 해방될 수 있을까?'이다. 이 두 가지 근본적인 물음을 공정개척자들은 늘 되뇌이곤 했다. 뜻을 세우고 조직을 만들기 전에 적대적인 환경에서 똘똘 뭉쳐 협동의 힘을 잃지 않기 위해서. 그리고 이러한 질문은 그들이 공통의 정체성을 수립하는 데 중요한 역할을 했다.

  첫 번째 질문은 단순한 것 같지만 잘 생각해보면 참 어려운 질문이란 걸 알 수 있다. 협동조합의 생명은 협동에 있다. 협동이란 서로 도움을 주고받는 관계를 만드는 과정이다. 그런데 보통 가진 것 없고 배운 것 없는 사람들은 자신이 남에게 줄 것이 없다고 생각하기 쉽다. 없는 사람들끼리 서로 돕고 살아야 한다지만 살기 어려울수록 마음도 따라 가난해져 협동은 더 어려운 과제일 수 있다. 더군다나 공정개척자회가 살았던 당시는 계몽주의의 전파로 이성에 눈을 뜨고 밝은 세상이 열리는 듯 했지만 산업혁명이 일어난 뒤 노동자들의 삶은 비참하기 그지없었고 배움도 적었다. 그러니 비빌 언덕 없는 노동자들이 결사체를 만드는 일 자체가 어려울 수밖에 없고, 주변의 눈초리 또한 따가왔을 것이다. 게다가 당시 중간상인들인 거간꾼들이 장악하고 있던 유통시장에서 상점을 열어 중간 마진을 줄인다는 계획은 무수한 방해를 받았을 것이다. 이러한 적대적인 환경에서 무슨 재간이 있겠는가? 흔들리지 않는 협동의 힘으로 버티는 수밖에. 그 믿음의 초석을 견고하게 쌓기 위해 이 본질적인 물음을 끊임없이 던졌을 것이다.

두 번째 질문은 공정개척자회 멤버들의 진보한 의식과 이상을 보여준다. 그들은 단지 소비생활의 안정을 바라는 데 만족하지 않고 궁극적으로는 해방된 삶을 추구했다. 이는 오언의 영향이 크며, 당시 각성한 노동자들의 이상이기도 했다. 그러니까 협동조합은 현실의 문제를 해결하는 수단이자 동시에 커다란 삶의 이상을 실현하는 해방의 무기이기도 했던 것이다.

이 두 질문은 설립 시기에는 공정개척자들이 똘똘 뭉치는 힘이 되었고, 설립 후 발전하는 과정에서는 자신들과 같은 운명을 가진 노동자들의 삶의 조건을 개선하며 지역사회에 기여하는 길잡이가 되었다. 1844년, 공정개척자회가 설립하면서 작성한 프로그램은 이러한 그들의 이상을 잘 보여준다.

공정개척자회의 여정에서 이 두 질문은 그들이 길을 잃지 않고 전진할 수 있게 하는 나침반이 되어주었다. 같은 방향을 바라보았기에 흩어지지 않고 함께 걸어갈 수 있었을 것이다. 공동의 정체성이 분명할 때 협동이 용이해진다. 달리 말하면 생각의 협동이 바탕이 되어야 노동과 자본의 협동이 자연스럽게 따라온다는 것이다. 이런 면에서 보면 로치데일 공정개척자들은 생각의 협동을 지속할 수 있는 길잡이를 가지고 시작한 셈이다. 자신들을 이끌어주는 두 개의 질문으로.

3. 이건 공정하지 않아!

'로치데일의 공정개척자회'라는 이름은 그냥 지어진 것이 아니다. 이 이름에는 그들이 협동조합을 만들면서 가장 중요하게 생각하는 가치가 담겨 있다. 그것은 바로 공정함인

로치데일 프로그램(1844)

공정개척자회는 다음과 같은 사업을 실현하기 위하여 1파운드당 구좌로 분할된 충분한 자본을 통하여 멤버들의 금전적, 사회적, 가족의 여건을 향상하는 것을 목적으로 한다.

· 식료품과 의류 등의 판매를 위한 상점을 개설한다.
· 서로 도와 가족과 사회의 여건을 향상시키고자 하는 멤버들을 위하여 일정한 수의 주거를 건설하거나 매입한다.
· 실직했거나 반복적인 임금 하락으로 고통 받는 멤버들을 고용하기 위하여 공정개척자회가 적합하다고 판단되는 제품을 제작하기 시작한다.
· 멤버들에게 점점 더 많은 혜택과 안전을 제공하기 위하여 공정개척자회는 토지를 사거나 임대할 것이다. 이 토지는 일자리가 없거나 임금이 낮은 멤버들이 경작하도록 할 것이다.
· 가능한 한 빠른 시일 내 공정개척자회는 재화의 생산과 분배, 교육, 자치 제도를 도입할 것이다. 달리 말하자면, 이해가 일치하고 스스로 지탱하는 공동체를 설립할 것이다. 우리 회는 다른 협동조합을 도와 우리와 유사한 공동체들을 만들어 나갈 것이다.

금주문화를 확산하기 위하여 가능한 한 빠른 시일 내 공정개척자회의 여러 주택 중 한 곳에 금주실(禁酒室)을 열 것이다.

데, 이 가치는 오언으로부터 면면히 이어져온 영국 협동조합 운동의 중요한 전통이다. 오언은 원래 가난한 집안 출신이었으나 일찍이 부유한 자선사업가가 되었다. 보다 공정한 사회 질서를 추구하던 그는 협동조합의 기본이 되는 원칙을 공표하였다. 특히 노동자들의 해방과 그들의 운명을 개선하는 문제에 민감했던 오언은 자본 축적이 가격 상승의 원인이라 여겼으며, 생산의 사적 소유 때문에 사회 정의가 실현될 수 없다고 생각했다(겔랭. 1987). 또 오언은 화폐가 매개가 되어 이윤이 생기는 것이기 때문에 그것을 노동시간에 따라 생산물의 가격을 반영하는 '노동쿠폰labour notes'으로 대체해야 한다고 했다. 시대를 앞선 오언의 이러한 혁신적인 시도는 현실에서는 많은 어려움에 부딪혀 결국 실패로 막을 내렸다. 하지만 그의 실험은 자본이 사람의 노동에 우선하는 불공정한 관행을 바꾸려고 한 시도였기에 오언을 따르는 이들은 그의 사상을 계승하고자 했다. 이렇듯 오언의 가치를 따른 공정개척자들에게도 공정함은 비즈니스 모델을 설계하는 데 핵심 요소가 된다. 그렇다면 공정개척자들은 도대체 어떤 불공정함을 겨냥했던 것일까?

이들이 상점을 열려고 했던 까닭은 일상에 꼭 필요한 생필품을 적정한 가격에 구매하여 생활의 안정을 보장하기 위해서였다. 당시 노동자와 그 가족의 생활필수품인 밀가루, 식용유, 의복 등은 터무니없이 비싼 가격에 판매되었다. 연유인즉슨 유통업자들인 중간상인들(브로커)이 엄청난 마진을 남기기 때문이었다. 그래서 당시 이런 중간상인들을 두고 가난한 사람들의 피를 빨아먹는 '사회적 기생충'이라 부를 정도였다. 이런 상황에서 상점을 열려면 어떻게 해야겠는가? 기생충들을 박멸할 수는 없으니 기생충이 들러붙지 않도록 생산자나 도매상인과 직거래를 터서 유통마진을 줄이는 방법을 택해야 한다. 공정개척자회의 비즈니스 모델은 바로 가격의 불공정함을 시정하여 적정한 가격에 생필품을 안정적으로 조달하는 것이다.

이들의 행보에서 우리는 협동조합 멤버들의 필요needs를 충족하면서 동시에 사회적 목적을 가지는 전형적인 비즈니스 모델을 발견할 수 있다. 무엇이 공정하지 않았는가? 시장관계는 여러 이해관계자들로 구성된다. 생산자와 제조업체가 있고, 그들에게서 제품을 가져와 판매하는 도매와 소매 중간상인과 상점이 있고, 이 상점에서 물건을 사는 소비자가 있다. 그런데 소비자가 지불하는 가격이라는 것은 그 전단계의 모든 이해관계자들이 자신이 하는 일을 통해 먹고살 수 있을 정도의 비용이 책정되어야 하면서 동시에 소비자가 너무나 큰 부담이 되지 않을 적정선이 지켜져야 한다. 이렇듯 시장에서는 생산자에서 소비자에 이르는 관계가 공정해야 적정한 가격이 형성되는 것이다. 그런데 여기서 중간상인들이 농간을 부려 유통마진을 대폭 취하면 상점들은 비싼 가격에 물건을 팔 수밖에 없다. 다양한 이해관계자들이 존재하는 시장관계에서 왜 어느 한 쪽이 일방적으로 가격을 형성하는 데 막대한 영향을 미쳐야 할까? 그게 과연 공정하다고 볼 수 있을까? 그렇지 않다. 이렇게 볼 때 공정개척자회가 목적한 것

1844년 로치데일의 토드레인에서 문을
연 '로치데일 공정개척자회'의 첫 상점
출처:사회적경제재단 FONDES가 발간한 《사회적
경제 역사》

은 단지 싼 제품을 구입하는 것이 아니다. 어느 한 이해관계
자만이 큰 이익을 취하고, 그 손해를 소비자가 부담해야 한
다면 그건 불공정한 거래이므로 시정해야 한다. 하지만 공정
거래위원회에 제소할 수도 없는 시대였기에 그들은 스스로
부당한 거래관계를 깨고, 공정하게 거래할 수 있는 비즈니스
모델을 구축했다.

공정개척자들뿐 아니라 당시에 많은 사람들이 부당한 가
격에 분노했을 것이다. 그렇지만 카르텔을 형성해 막강한 힘
을 발휘하는 중간상인들에게 대항할 생각을 누가 하겠는가?
자본과 조직을 가진 그들 앞에서 한 명의 소비자는 단지 불
평을 늘어놓으면서도 어찌할 도리가 없는 연약한 존재일 뿐

이다. 하지만 그 힘없는 소비자들이 결사하면 달라질 수 있다. 불매운동이라는 저항만이 아니라 기생충을 건너뛰는 다른 거래의 기획! 한 명의 소비자는 할 수 없지만 소비자의 공동구매는 힘을 만들어준다. 그 거점이 바로 상점인 것이다.

4. 협동조합이 망하지 않게 하려면 어떻게 운영해야 할까?

공정개척자회의 의도는 딱 들어맞았다. 이 좋은 걸 왜 이제야 알았을까 하며 사람들이 환호했다. 하지만 중간상인들이 그 꼴을 그냥 두고 볼 리 만무하다. 자기들이 부당하게 취하던 이익인데도 마치 자기 것을 빼앗긴 양 분노하며 사람들을 선동하고 중상모략을 하는 등 온갖 방해공작을 폈을 것이다. 공정개척자회로서는 위기다. 맞서 싸울 수도 없고, 그렇다고 주저앉을 수도 없다. 어떻게 이 위기를 극복할 것인가?

협동조합의 힘은 협동에서 나온다. 어려울 때일수록 더욱더 똘똘 뭉쳐 강력한 협동의 힘을 발휘해야 한다. 조직의 정당성이 도전받을수록, 온갖 중상모략으로 음해할수록 사업이 위태롭지 않으려면 더욱 더 이용하면서 지켜내야 한다. 개점 후 휴업상태가 되지 않으려면 충성스러운 조합원이 되어 필요를 확인시켜주어야 한다.

하지만 강력한 협동의 힘은 탄탄한 운영으로 뒷받침되어

야 나올 수 있고 지속가능하다. 오늘날 협동조합 운영 원리의 초석을 다진 공정개척자회의 원칙은 이렇듯 위기에 직면하여 협동의 힘을 발휘하고 고난을 극복하기 위한 전략을 만들면서 수립되었던 것이다. '궁하면 통한다'는 이치가 아닐까?

로치데일의 원칙(1844과 1845년 정관)

● **1인 1표**

제4조(1945년 개정) : 3분기와 연례 총회에 참석하는 멤버들은 모든 결정을 함에 있어 단 1표만 행사할 수 있다.

● **가입의 자유**

13조 : 공정개척자회의 멤버가 되고자 하는 모든 이들은 임원과 경영책임자 회의에서 멤버 두 명의 추천과 후견을 받아서 가입할 수 있다.

● **현금 거래**

21조 : 임원은 어떤 경우, 어떤 이유로도 현금을 지불하지 않고 물건을 구매할 수 없으며, 구매한 물건을 현금으로만 판매해야 한다.

● **자본에 대한 제한적인 보상**

22조 : 3분기 총회마다 임원은 재정보고서에 이전 3분기 동안 회가 거둔 이익의 총액을 명시해야 하며, 이익은 다음과 같이 분배되어야 한다. : 다음 3분기 전까지 (출자한 자본에 대하여) 연 3.5%의 이자를 지급해야 한다.

● **이용에 비례한 배당**

22조 : 잉여는 멤버의 이용 총액에 비례하여 분배한다.

이런 측면에서 로치데일 공정개척자회의 원칙은 공정한 사업 모델이 충성스러운 조합원에 의해 유지되고 지켜지도록 하기 위한 비법을 모아 둔 것이라고 할 수 있다. 그 비법의 핵심은 자본의 기여에 대한 보상보다는 구성원들의 이용고에 따른 잉여의 배당(인센티브 제도)이다. 모든 사업이 그렇듯 매출의 핵심은 회전율이다. 아무리 많이 출자해서 자본에 기여한다 해도 많이 이용해서 상점이 돌아가게 하는 것만큼 중요한 게 있을까? 이 원리는 상점이든 은행이든 마찬가지다. 그러므로 충성스러운 조합원의 이용을 독려하는 것이 경영 비법의 핵심이다.

　두 번째 중요한 비법은 기존의 무질서한 거래 관행을 깨는 것이다. 그건 다름 아닌 물건을 구매하고 판매할 때 현금으로 거래하는 것이다. 고질적인 외상으로 자본조달이 불안정해지면 전체 재정 운용계획도 불안정해진다. 게다가 혹시 조합원들이 제때 제때 외상을 갚지 않는다면 어찌되겠는가? 돈 떼먹고 달아나지는 않겠지만 물건을 사들여 와야 팔 수 있는 소비협동조합으로서는 치명적일 것이다. 아무리 신용거래라지만 요즘처럼 그 신용이 지켜질 수 있는 안전장치가 없다면 상점의 운영은 불안할 수밖에 없다.

　이러한 경영 비법에 더하여 1인 1표 제도, 멤버들의 자본 참여인 출자금 제도, 멤버들을 위한 교육 등 주인으로서 제 역할을 다 하고 운명공동체로서 평등한 관계를 만들어 인간의 발전을 꾀한 그들의 원칙은 그야말로 협동조합계의 새바람을 불러일으켰다. 곧 이어 다른 상점을 열게 되었고, 어디 영국뿐이랴. 바다 건너 이웃나라인 프랑스의 학자 샤를르 지드 Charles Gide는 로치데일의 성공을 보며 커다란 영감을 얻어 집중적으로 연구하기 위해 '님므학파École de Nîmes'까지 만들 정도였다.

5. 공정개척자회는 다 계획이 있구나!

이들은 어떻게 성공할 수 있었을까? 성공은 위기를 극복하고 망하지 않는 비결을 찾은 데 있다. 하지만 오늘날 우리가 로치데일을 소환하며 협동조합의 조상으로 떠받드는 까닭은 단지 그들이 사업적으로 성공했기 때문만은 아니다. 공정개척자들의 진정한 위대함은 그들의 확장력에 있다. 상점은 순식간에 퍼져나갔고, 멤버는 1847년에 100명이었는데 1878년에는 10,000명을 넘겼다. 그동안 미래에 대비한 금고와 주택건설회사도 만들었다. 방앗간과 면 제조공장 건설을 위해 자본을 투자했다. 1860년대에는 초기의 협동조합들이 연합하여 맨체스터에 도매회사wholesale society도 차렸다. 로치데일의 확산은 많은 노동자들의 삶을 개선하는 데 기여했다. 공정개척자들의 빅픽처가 하나둘씩 실현되어나가는 과정이다. 그

원동력은 어디서 나왔을까?

다시 로치데일의 프로그램으로 돌아가보자. 그들의 프로그램은 하나의 협동조합을 만드는 그림이 아니다. 잉여는 공동의 적립금으로 모아 구성원들의 발전을 위해 쓰고, 상점과 상점이 협동하여 도매회사를 만들어 더욱 질 좋은 제품을 공급하고, 소비자들의 협동으로 생산을 재조직하며 일자리도 만들어 협동조합 지역사회를 만드는 그림이다. 그들이 '어떻게 사람들이 해방될 수 있을까?'라는 질문을 던지지 않았다면 그러한 그림이 나오지 않았을 것이다. 영화 매트릭스의 네오처럼 질문이 그들을 이끌었는지도 모르겠다.

그러니 지금 당장의 삶의 조건을 향상시키려는 필요는 더욱 공정한 새로운 세상을 만들려는 열망과 만나 더 큰 힘을 발휘한 것이라 할 수 있겠다. 협동조합의 정의에서 '공통의 경제, 사회, 문화적 필요와 열망을 충족시키기 위하여'라는 목적이 이해되지 않는가?

둘째마당

신인류

3장

1895년으로 가는 길
협동조합의 개척자들과 후예

인간의 역사에서 가족과 이웃, 그리고 마을 단위 삶의 터전에서 공동체 방식으로 생계를 꾸려간 전통은 아주 오래되었다. 서구에서는 이미 9세기부터 게르만족과 앵글로색슨족을 중심으로 길드가 조직되었고, 11세기부터는 수도원 외곽에서 비신도들이 모임을 만들어 상호부조와 원조의 문화를 만들었다.

한국의 역사에서도 농촌에서 공동노동 조직인 두레와 상호부조 조직인 계(契), 그리고 자발적인 노동력 상호교환 조직인 품앗이 등이 이미 삼한시대부터 존재하고 있었던 것으로 전해진다. 하지만 구체적인 사료로 확인할 수 있는 것은 20세기 이후의 일이다. 이렇듯 동서양과 아메리카 대륙, 아프리카를 막론하고 전 세계 민초들의 먹고사니즘은 협동이 아니고서는 상상할 수 없었다. 그러니 사람들의 유전자에 '협동'의 DNA가 들어있는지 없는지 알 수 없지만, 협동은 생계를 위해 받아들여야 하는 자연스런 삶의 방식이었기에 인간의 역사와 같이한다고 할 수 있다.

그런데 이 소박한 협동의 삶은 1763년에 일어난 산업혁명으로 해체되기 시작했다. 가족이나 이웃, 지역 단위에서 이루어지던 전통적인 생계조직 방식이 불가능하게 된 사람들이 임금노동에 의존하는 새로운 사회가 열렸다. 먹고살기 위해 내 이웃과 지역에서 얽히고설켜 살아가는 삶이 아니라 일자리를 찾아 도시로 나가서 공장 문을 두드리며 '나를 고용해달라'고 애원하는 삶이 시작된 것이다.

하지만 본격적인 협동조합의 역사는 이때부터 시작된다. 산업혁명은 자본과 기계를 무기로 대량생산의 길을 열었지만 그 생산을 담당하는 노동자들의 삶을 고려하지 않은 혁명이었다. 그러니 산업혁명은 산업의 측면에서는 커다란 발전을 이루며 오늘날 많은 사람들이 누리는 풍요를 이루는 데 기여했을지 몰라도 당시의 많은 사람들에게는 장시간 노동을 해야 하는 고통이었으며, 억압된 삶을 강요하는 비참함의 혁명이었던 것이다. 그러한 때, 각성한 지식인과 종교인, 그리고 그들에게 영감을 받았던 많은 노동자들은 비참한 임금노동의 족쇄를 끊고 자발적으로 결사하여 스스로의 운명을 공동으로 책임지려는 모험을 시작했다. 그러니 협동조합

300+α의 역사는 로치데일 공정개척자들과 같은 선구자들의 모험에서 본격적인 서막이 올랐다고 해도 무방하다. 하지만 공정개척자들뿐 아니라 프랑스에서는 노동자협동조합운동이, 독일에서는 도시와 농촌에서 신용협동조합운동이 활발히 일어나며 그야말로 협동조합의 춘추전국시대를 열어간다. 국제협동조합연맹(ICA)의 탄생은 전 세계적으로 이러한 협동조합운동의 보편성을 알리는 뜻 깊은 사건이라고 할 수 있다.

이런 측면에서 1895년은 두 장으로 나누어 3장은 ICA의 전사(前史)로 ICA를 누가 언제 만들었는지 그 절차와 과정에 주목하기보다는 협동조합운동이 국제적 차원의 운동으로 진화한 과정에 더 관심을 두고자 한다. 이를 위해 ICA의 설립 이전에 개화한 다양한 협동조합운동의 활약상을 살펴볼 것이다. 하지만 어떤 운동이든 어느 날 갑자기 바람이 불어와 큰 불로 타오르는 경우가 없듯, 그 이전 고난의 행군을 이어온 선구자들의 생각과 실천이 19세기 협동조합운동의 개화에 어떤 영향을 미쳤는지를 재조명하고자 한다.

1. 협동조합 탄생의 비밀 : 유토피아의 '좁은 문'

사회적경제의 역사에 관하여 많은 책을 쓴 앙드레 젤랭^{André}

Gueslin[*]이라는 프랑스 학자는 협동조합의 탄생이 참 아이러니하다고 했다. 왜냐하면 그것은 새로운 사회를 꿈꾼 사회유토피아가 실패한 뒤 남은 결과물이기 때문이다. 이게 무슨 뜻일까? 사연인즉슨 이러하다.

협동조합의 전사에 이른바 사회적경제의 선구자들이라 불리는 사람들이 있다. 영국의 오언Owen, 프랑스의 생시몽Saint-Simon, 푸리에Fourier, 프루동Proudhon 등인데 이들은 애초에 협동조합을 만들려고 생각했던 것이 아니다. 이들은 산업혁명 후 많은 사람들이 임금노동에 찌들어 비참하게 사는 모습을 보며 다른 사회를 만들고자 했다. 그런 그들의 사상을 '사회유토피아'라 불렀다. 그들의 유토피아는 가도 가도 도저히 이를 수 없는 이상향이 아니다. 산업의 발전만을 추구하는 과정에서 사람과 사회의 고통이 외면되는 당시 사회에서 대안적인 사회, '다른' 사회를 만들려는 이상을 품었기 때문에 사회유토피아라고 부른 것이다.

사회유토피아를 만드는 방법은 단계적이다. 우선 합리적 모델을 구상하여 그 지속성(생존가능성)을 확인하고, 그러한 모델에 기초하여 2단계에는 전체 사회로부터 받을 수 있는 공격이나 압력을 피해 어느 정도 보호된 공간에서 실험을 하여 성공한 후 사회로 확산시키는 것이었다. 그러면 선구자들이

---

* 《사회적경제의 발명L'invention de l'économie sociale》(1998), Economica.

말한 합리적인 모델은 무엇이었고 그들은 어떤 실험을 했는지 간단히 살펴보도록 하자.

협동과 교육으로
아이를 돌보는 마을을 만든 로버트 오언

우선 흔히 영국 협동조합의 아버지라고 불리는 로버트 오언(1771~1858)을 보자. 오언에 대한 소개를 보면 영국에서 뉴라나크New Lanark라는 협동공동체를 만들었고, 미국까지 건너가 인디애나주에서는 뉴하모니New Harmony를 운영하다가 실패해서 돌아왔다는 글을 볼 수 있다. 이런 글을 볼 때마다 의문이 든다. 도대체 무슨 기준으로 실패했다는 걸까? 계획을 세우고 일단 추진했는데 인적, 물적 자원의 부족으로 아예 삽조차 뜨지 못했을 때? 어찌어찌해서 만들기는 했는데 애초의 계획대로 꼴을 갖추지 못했을 때? 아니면 만들었는데 운영을 하다가 이러저러한 사연으로 얼마 안 가 운영이 중단될 때? 이도저도 아니면 만들고 나서 애초의 계획은 온데간데없고 변질되었을 때? 하지만 오언의 계획이 모두 다 실패로 돌아갔다고 하기엔 좀 억울한 측면이 있다고 생각된다. 왜냐하면 그의 최초 실험은 많은 성과를 거두었고, 그의 사상과 계획은 각계각층으로 퍼져나갔기 때문이다.

오언의 유토피아가 싹튼 곳은 뉴라나크였다. 사실 오언이 뉴라나크를 만든 것이 아니라 돈이 많은 그의 장인인 데이비드 데일David Dale이 이미 그곳에 방직공장을 차렸고, 1799년에 데일의 딸과 결혼한 오언이 장인에게서 뉴라나크 방직공장을 사서 경영자가 되었다. 그 공장에서 2,000명이 넘는 사람들이 일하고 있었는데, 이 중에는 고아들도 500여 명이 포함되어 있었다. 이곳의 노동 조건과 거기서 일하는 사람들의 삶의 조건, 특히 비참한 아이들의 모습을 보면서 오언은 자신이 만들 유토피아를 설계하며 차차 추진할 계획을 세웠다. 그는 돈이 있는 사람들이 좀 도와 노동자들이 생산수단을 공동으로 소유하면 가난에서도 해방되고 인간답게 살 수 있을 거라고 생각했다.

이러한 생각을 바탕으로 1812년에 뉴라나크의 시설을 변화시킬 계획을 발표했다. 그 구상의 기본은 소비협동조합을 통해 먹고사는 문제를 해결할 뿐 아니라 아동노동을 금지하고 어린이를 돌볼 유치원을 설립하는 것이다. 협동과 교육이 그의 유토피아 사상의 핵심이라고 할 수 있다. 버려진 아이들을 잉여노동으로 보며 그들의 노동을 착취했던 당시의 풍토에서 오언의 계획은 얼마나 급진적이었을까? 게다가 그 유치원의 운영을 소비협동조합의 운영에서 나온 잉여로 감당한다는 계획을 세웠으니 그는 이미 협동조합 지역사회의 상을 구상하고 실천했다고 할 수 있겠다. 협동조합의 아버지라 불릴 뿐 아니라 유치원이라는 개념까지 만들어 전 세계에 퍼

뉴라나크

뉴라나크는 현재 뉴라나크 면방직마을을 복구하고 재생하기 위해 1974년에 설립된 스코
틀랜드 자선단체인 뉴라나크트러스트에 의해 보존되고 있다. 2001년에는 유치원이 복구
되었고, 방직공장은 현재 호텔로 이용되고 있으며 지역의 중요한 관광자원이 되었다.
출처: https://www.newlanark.org/introducing-robert-owen/48-timeline/246-nl-trust

뜨렸으니 오언은 가히 시대를 앞서간 선구자였음이 틀림없
다. 영국의 다른 곳에서는 아이들이 버려지고, 찰스 디킨즈의
소설 《올리버 트위스트》에 나오는 고아들처럼 앵벌이로 번
돈을 상납하며 빌어먹고 있을 때, 뉴라나크의 아이들은 어른
들이 노동한 결과로 얻은 수익으로 돌봄을 받고 있었던 것
이다. 이런 까닭에 뉴라나크 모델은 새로운 사회의 실험실이
되었고, 각국의 명사들이 방문하며 후원하기도 했다. 요즘 말
로 하면 리빙랩living lab이 된 것이다. 그러하기에 뉴라나크는
지역주민들이 보존을 위해 트러스트를 만들어 지금도 아름
다운 모습을 그대로 간직하고 있고 유네스코 세계유산에도
등재되었다.

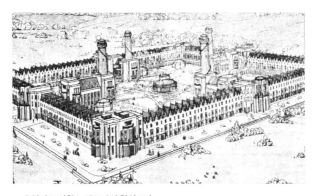

오언이 구상한 뉴하모니의 완성 모습
오언이 미국으로 건너가 설립하려고 했던 공동체 뉴하모니
출처:https://en.wikipedia.org/wiki/New_Harmony_Indiana

　　오언은 《사회에 관한 새로운 의견》*을 발표하여 뉴라나크
에서 이루어진 일들을 세상에 알리고, 또 그의 구상도 전파
했다. 이러한 실험에 기초하여 그는 1817년에 약 2,000명의
공동체 인원들로 구성된 '통합과 상호협동의 마을Village of unity
and mutual cooperation'의 설립을 제안하였다. 그의 사회유토피아는
이러한 협동마을을 백 개, 천 개, 만 개로 확대하여 사회를 바
꾸는 것이었다. 그래서 그 가능성을 실험하고자 1824년에
미국으로 건너가 문명사회와 거리를 둔 '뉴하모니'를 건설하
였으나 이 프로젝트는 어려움을 겪다가 좌절되고 말았다. 하
지만 영국으로 돌아온 그는 새로운 시도를 멈추지 않았다.

---

* 원제는 《A new view of society》(1813)이며, 2008년에 하승우가 번역하여 소개되었다.

그가 관심을 가진 것 중의 하나는 돈이 돈을 낳는 구조를 바꾸는 것이었다. 그래서 노동쿠폰으로 돈을 대체하고, 노동시간을 산정하여 상품비용에 반영함으로써 진정한 가치의 기준을 만들려고 하였다. 이러한 방식으로 거래가 될 수 있도록 1832년에는 '교환거래소'를 실험하였는데, '각자 노동에 따라'라는 원칙에 입각하여 회원에게 배송된 제품은 판매한 생산자 스스로 평가한 노동시간에 따라 쿠폰으로 지불되며, 구매자는 이 가격을 지급한다. 이 실험은 지속될 수 없었으나 공정가격에 대한 아이디어가 발전하는 데 기여했다.

우리가 앞서 로치데일 공정개척자들을 살펴보았기에 이제 오언이 이들에게 얼마나 큰 영향을 미쳤는지 알 수 있을 것이다. 공정개척자들은 공정한 가격을 책정하여 공정한 거래 질서를 수립하는 사업 모델을 구상하여 꾸준히 실천했고, 하나의 소비협동조합을 만들어 조합원들의 생필품을 조달하고 생활을 개선하는 데 그치지 않고 잉여를 적립하여 인간의 발전을 위한 도서관과 주택을 건설하려는 복지 계획을 수립했고, 자신의 모델을 제대로 정착시켜 그 모델을 확산함으로써 일이 없는 사람들에게 일자리를 제공하고, 그 많은 개척자들의 협동으로 땅을 사고 공장을 지어 필요한 것을 생산하는 데까지 이르는 등 복합적이고 종합적인 계획을 구상하고 실천에 옮겼다. 오언의 많은 실험은 현실의 난관에 부딪혀 좌절되었을지라도 그것으로 끝이 아니었다. 그를 따르거나 그에게 영감을 받은 수많은 협동조합인들이 있었고, 그러하기에 오언의 구상은 다른 이들에 의해, 혹은 훗날 새로운 방식으로 실현되었다. 아마 그래서였을까? 오언은 인생의 황혼기에 접어들었을 때도 쉬지 않고 사회를 위한 제안을 멈추지 않았고, 1836년에는 자신이 평생 지녔던 신념과 구상을 바탕으로 《새로운 도덕의 세상 The Book of The New Moral World》을 저술하였다.

푸리에의 사과와 팔랑스테르

오언의 동년배인 푸리에(1772~1837)의 사회유토피아도 오언과 아주 닮은꼴이다. 오언이 인간의 품성은 자신이 만드는 것이 아니고 환경에 의해 만들어진다고 생각했듯이 푸리에 또한 "신의 피조물인 인간을 바꿀 것이 아니라 인간의 작품인 환경을 바꾸어야 한다"는 생각에 기반한다. 당시에는 아주 괴짜로 통했던 푸리에는 실천활동가이기보다는 철학자였다. 하지만 오언과 마찬가지로 푸리에도 인간의 본성에 기반하면서도 서로 조화롭게 살 수 있는 사회를 만들고자 한 열

---

* 이 책이 어떤 내용을 담고 있는지 책에 쓰인 다음과 같은 부제를 통해 알 수 있다. "containing the rational system of society, founded on demonstrable facts, developing the constitution and law of human nature and of society." 그러니까 예시를 들 수 있는 사실에 기반하여 인간의 본성과 사회체제 및 법을 발전시키는 합리적인 사회 시스템을 담고 있다는 뜻이다.

망이 강했다. 그리하여 산업혁명이 한참 진행되던 당시 사회의 부조리를 해결하기 위하여 새로운 공동체 모델을 구상하며 많은 글을 발표하기도 했다.

산업사회의 부조리와 모순 가운데 특히 푸리에가 비판한 지점은 경쟁과 화폐교환에 기반한 사회체계였다. 한마디로 사회가 '장사꾼'이 되어 경쟁하면서 이윤을 남기기 위해 물불을 가리지 않는 무질서한 상태가 되었다는 것이다. 그가 이러한 현실의 문제를 자각한 계기가 있다. 우선 그가 마르세이유에서 일할 때 그의 사장이 쌀의 판매가를 유지하기 위하여 쌀가마니를 바다에 던져버리라고 시킨 적이 있었던 것이다.

또 다른 계기는 '푸리에의 사과'로 불리는 일화다. 파리의 어느 유명한 레스토랑에서 유명한 미식가가 사과를 한 개 사는 것을 보았는데, 그가 지불하는 가격을 보고 푸리에는 깜짝 놀랐다. 왜냐하면 그가 지불한 14수sous라면 푸리에가 있었던 후앙Rouen시에서는 100개를 살 수 있는 금액이었기 때문이다. 이 터무니없는 가격을 본 푸리에는 경쟁과 화폐를 통한 교환으로 이루어지는 상업이 근본적으로 잘못되어 있음을 깨달았다. 그 순간 푸리에는 인류 역사에서 중요한 획을 그은 4개의 사과에 대한 영감이 떠올랐다고 한다. 첫 번째 사과는 이브가 아담에게 준 '선악과의 사과'이며, 두 번째는 트로이의 왕자 파리가 여신 아프로디테에게 준 '불협의 사과'이며, 세 번째는 잠자고 있던 뉴턴의 머리에 떨어진 '만유인력 법칙의 사과'이며, 네 번째가 바로 푸리에가 장사의 해악을 깨닫게 한 '푸리에의 사과'라는 것이다. 서양 역사에서 사과는 탐스러운 모양과 빛깔 때문에 성서부터 신화와 과학에 이르기까지 두루 등장한다. 그러나 이렇듯 유혹과 욕망의 상징인 사과가 푸리에의 눈에는 무질서한 상업의 독이 묻어 있는 마녀의 사과로 보였는지 모르겠다.

21세기를 사는 우리에게 인류 역사의 획을 그은 사과 하나를 더하라면 무엇을 떠올릴까? 아마도 애플사의 로고인 베어 먹은 사과가 아닐까. 그리고 그 의미는 세계화된 시대의 글로벌 기업과 혁신의 상징이기도 하겠지만 또한 푸리에가 살던 시대보다 더 가속화된 경쟁시장에서 천문학적인 수익을 벌어들여 우리 시대 새로운 신화가 된 '기업가 모델로서의 사과'일 것이다.

다만 같은 사과일지라도 애플사의 창업주이자 혁신적 기업가로 유명한 스티브 잡스가 실리콘밸리에서 IT 기술을 기반으로 전 세계를 잇는 기술유토피아를 그렸다면 푸리에의 사회유토피아는 달리 기획된다. 푸리에는 1832년부터 1834년까지 뜻을 같이하는 동료들과 함께 신문을 펴내며 새로운 모

---

* Jean-Marc Daniel, 《경제사상의 생생한 역사: 위기와 인간 Histoire vivante de la pensée économique : Des crises et des hommes》, Paris, Pearson Education France, 2010, 424 p.

델을 제시하고 알리는 데 주력했다. 그 모델은 '팔랑스테르Phalanstere'라 불리는데, 이는 한마디로 삶과 노동의 공동체라고 할 수 있다.

푸리에가 구상한 사회유토피아는 남성과 여성이 동수로 참여하여 하나의 공동체인 팔랑쥬phalange를 만들고, 이 세상은 300만 개의 팔랑쥬로 이루어지는 새로운 세상에 대한 설계이다. 팔랑스테르는 오언의 '통합과 상호협동의 마을'처럼 이 팔랑쥬가 사는 커다란 건물이자 마을을 뜻한다. 오언이 1,000~1,500에이커*의 땅이 필요하다고 했는데 푸리에는 이보다 더 큰 2,300헥타르(1만 제곱미터, 3,025평)의 땅이 적합하다고 했다.

이 공동체는 노인과 아이를 위한 집단 주거시설, 생산활동에 참여하는 이들을 위한 아파트, 식당, 잠시 머무는 이방인을 위한 숙소, 극장, 교회 등을 갖춘 복합시설이다. 그가 구상한 팔랑스테르는 모든 이들이 완전히 통합되는 진정한 생활공동체였다.

또 다른 특징은 이곳에서는 노동권을 보호하고, 여의치 않을 때는 최저생계를 보장한다는 점이다. 푸리에의 시스템은 노동소득에 대하여 다음과 같은 세 가지 대원칙으로 분배되어야 한다고 했다. '각자는 자신의 노동에 따라, 각자는 자신

---

* 약 4,047제곱미터로 1,224평 정도 된다.

의 능력에 따라, 각자는 자신의 필요에 따라'. 그러니까 '일하지 않는 자여 먹지도 말라'라는 냉정한 원칙이 아니라 노동한 만큼(노동시간), 능력을 발휘한 만큼(성과), 필요한 정도(처지와 조건)를 고려하여 공동으로 생산한 것을 나누자는 것이다.

이렇듯 푸리에는 공동체의 구성과 형태, 그리고 공동체가 살 건축까지 설계를 마쳤다. 그런데 문제는 누가 이런 건물을 지을 돈을 댈 것인가이다. 그래서 푸리에는 성공한 기업가의 후원을 받으려고 노력했지만 실패했다고 한다. 이와 관련한 에피소드도 있는데, 푸리에가 메세나의 후원을 받으려 매주 목요일 저녁 시간은 비워두었다고 한다. 하지만 10년 동안 그는 목요일 저녁을 혼자 먹었다는 웃지 못할 일화가 전해지기도 한다.

하지만 실제 푸리에의 팔랑스테르는 많은 이들에게 매력적인 아이디어로 여겨져 적용하고자 했던 이들이 생겨나기 시작했다. 그런데 그들 대부분은 푸리에의 독특한 정신세계를 다 이해하지 못한 탓에 그의 사상 전체를 수용하기보다는 공동체 모델을 부분적으로 수용하여 적용하려다 실패에 그치고 말았다. 이 중 리옹Lyon시에서 데리옹Michel-Marie Derrion (1803~1850)이라는 사람은 푸리에의 모델을 협동조합 모델과 연계하여 1835년부터 1838년까지 '진실된 사회적 상업commerce véridique et social'이라는 소비협동조합을 조직하기도 했다. 이를 통해서 볼 때 데리옹은 영국의 로치데일 이전에 이미 공정한 거래를 핵심에 두는 소비협동조합 모델을 구상하여 실천한 사례라고 할 수 있다. 그래서 데리옹은 훗날 프랑스 소비협동조합의 창건자로 여겨진다.[*]

어쨌든 이런 면에서 볼 때도 오언의 후예들로서 로치데일 공정개척자회가 있듯 푸리에의 후예로서 데리옹의 '진실된 사회적 상업'이라는 소비협동조합이 있어 그 둘이 짝을 이룬다. 하지만 데리옹의 시도는 그리 오래가지 못하여 스승의 명성을 빛나게 하지는 못했던지라 후세대는 푸리에가 아닌 오언을 소비협동조합의 아버지로 칭송하게 된 것이 아닐까?

그런데 여기서 반전이 생긴다. 푸리에가 애타게 기다리던 전도유망한 사업가는 푸리에 앞에 나타나지 않았으나 나중에 프랑스 북부의 기즈Guise에서 주물화로를 만들어 팔던 사업가 장-밥티스트 고댕Jean-Baptiste Godin(1817~1888)의 노동자생산협동조합[**]에서 구현되었으니 말이다. 애초에 고댕은 생시몽파였으나 푸리에를 알고 나서는 고무신을 바꿔 신고 푸리에파로 갈아탔다. 푸리에의 진성 후예를 자처한 고댕은 푸리

---

[*] 샤를르 지드는 1906년에 쓴 《정치경제학의 원칙Principe d'économie politique》에서 이렇게 썼다. "1835년 리옹에서 프랑스 최초로 설립된 소비회, 그리고 세계에서 가장 오래된 소비협동조합의 하나는 이런 의미심장한 간판을 달고 있다 : 진실된 사회적 상업"(출처 : Michel-Marie Derrion, pionnier coopératif, Economie & Humanisme, numéro 354, octobre 2000.)

[**] 한국의 협동조합기본법에서는 '직원협동조합'이라는 용어를 사용하지만 ICA 차원에서는 '노동자생산협동조합'이라는 용어를 사용하다가 최근 들어 '노동자협동조합(workers' cooperative)'으로 변경하여 사용하고 있다.

에의 공동체 모델을 실현하기 위해 단계별로 착착 준비를 해나가는 치밀함을 보였다. 그래서 구현되지 못했던 푸리에의 팔랑스테르는 30여 년이 지나 고댕에 의하여 파밀리스테르 Familistere라는 노동자가족공동체의 모습으로 탄생하게 된다. 푸리에가 좀 더 오래 살았다면 어떻게 되었을지 알 수 없지만, 어쨌든 운명은 그 둘의 만남을 주선하지 못했기에 푸리에의 계획은 실패라는 딱지를 달게 된다.

"신기루가 없었다면 어떤 사막의 대상도 길을 떠나지 않았을 것이다"

뉴라나크의 성과에 힘입어 야심차게 미국까지 건너갔으나 뉴하모니에서 처참한 실패를 맛보고 돌아온 오언, 게다가 서로 좋은 거래관계를 만들려고 노동거래소와 노동쿠폰을 구상하였으나 그 또한 몰이해와 자원부족으로 계획이 무너지는 꼴을 봐야했던 오언. 그래서 말년에는 여행을 하며 많은 글을 남겼다고 한다. 오언 못지않게 엄청나게 많은 글을 쓰며 자신의 구상을 세상에 알리고자 했던 푸리에는 자신이 구상했던 공동체에서 한 번 살아보지도 못하고 몽마르뜨 언덕에 묻히고 말았다.

하지만 그들의 인생을, 아니 그들의 시도와 실험을 다 실패라고 할 수 있을까? 이런 평가는 너무 섣부르며 심지어 안일한 태도라고 생각된다. 이런 부정적인 평가는 어디에서 기인한 것일까? 혹시 마르크스와 엥겔스가 그들을 유토피안 사회주의자utopian socialist라고 조롱하듯 지칭한 것에 우리도 동조하여 공상적 사회주의자라는 터무니없는 망상가 취급을 하면서 시작된 건 아닐까? 오언이 없었더라면 로치데일의 소비협동조합이 전 세계로 뻗어나갈 만큼의 단단함이 구비될 수 있었을까? 푸리에가 없었더라면 노동결사체를 만들어 노동자들의 조건을 개선하고, 그들이 경영에 참여하고 합당하게 이윤을 분배받는 협동조합의 전통이 마련될 수 있었을까? 이런 이유로 영국에서는 오언을 협동조합의 아버지라고 하며, 프랑스의 저명한 정치경제학자이자 소비협동조합의 열렬한 전파자였던 샤를르 지드는 푸리에를 프랑스 협동조합의 아버지라고 지칭했던 것이다.*

그들이 사회유토피아를 꿈꿨던 것은 망상이 아니라 시대의 모순과 어려움에 체념하지 않고 더 나은 사회를 소망했기 때문이다. 그리고 소망에 그치지 않고 구상하고 기획하고 설계하고 추진했고, 남이 알아주지 않아도 포기하지 않았으며, 계획이 좌절되었을 때도 넘어진 채로 주저앉지 않고 다시 일어나 될 때까지 최선을 다했다. 그러면서 자신의 생각을 알리며 함께할 사람을 찾고자 많은 글을 쓰고 책을 내기도 했

---

* 샤를르 지드,《푸리에, 협동조합의 선구자*Fourier, précurseur de la coopération*》(1924).

다. 그런 그들 앞에 어찌 '공상적'이라는 수식어를 붙일 수 있을까? 설령 마르크스가 그렇게 말했다 하더라도 협동조합인들이라면 선구자들의 사상과 노력을 폄하하는 호칭을 무턱대고 따라하는 일은 그만두어야 할 것이다.

그리고 우리는 이 사회유토피아에 대해 새로운 관점을 가질 필요도 있다. 이에 대해 함석헌의 글은 우리에게 다음과 같은 관점을 제시한다.

> "별을 바라보고 가도 별이 있는 곳에는 가지지 않는다 해서 별은 거짓이란 말은 되지 않는다. 가도가도 잡히지 않기 때문에 참이요, 지도목표가 될 수 있다. 실현되는 것이 이상이 아니라, 영원히 실현 안 되는 것이 이상이다. 실현되는 이상은 실현되는 그 순간 죽어버리나 실현되지 않는 이상은 현실적으로 안 되기 때문에 뜻으로는 순간마다, 또 영원히 계속되어 실현이 되면서 이끌어가는 산 이상이다."
>
> – 함석헌, 《뜻으로 본 한국역사》, 2012.

'유토피아' 혹은 '이상'이라는 것을 보통 존재하지 않는 것, 실현할 수 없는 것이라 말한다. 하지만 함석헌의 말처럼 도달할 수 없기에 유토피아가 아니라 저 멀리 우리를 비추어주는 별처럼 끊임없이 지향해야 하는 이상이었기에 거기로 가는 길이 중요한 것이었다. 어쩌면 그러한 공동체의 이상이 있었기에 협동조합이라는 현실이 탄생한 것인지도 모른다. 그래서 앙리 데로쉬Henri Desroche는 초기 선구자들의 실험이 가지는 의미를 이렇게 표현했다. "어떤 유토피아적 사막의 대상(隊商)도 신기루에 이르지 못했다. 그러나 신기루가 없었다면 어떤 사막의 대상도 길을 떠나지 않았을 것이다." 도달하고자 한 곳은 공동체 유토피아였으나 협동조합이라는 우회로를 갈 수밖에 없었고, 많은 후예들은 거기에 머물렀다. 그러나 유토피아를 모색하는 과정에서 결사체 조직인 협동조합이 탄생한 것이다.

이렇듯 선구자들의 사회유토피아는 들어가기 어려운 '좁은 문'이었을지 모르겠다. 그러나 샤를르 지드의 조카인 소설가 앙드레 지드André Gide가 "유토피아의 좁은 문을 통해 선한 현실에 들어갈 수 있다."고 말했던 것처럼 협동조합의 선구자들은 비록 좁은 문일지라도 유토피아를 별처럼 품었다. 그러했기에 자신의 사재를 털고, 사람들이 잘 알아주지 않는 척박한 환경에서 실패해도 끊임없이 새로운 것을 시도할 수 있었을 것이다. 그들의 유토피아는 온전히 실현되지 못했지만, 그들의 시도와 모험은 밤하늘의 별이 되어 후세대의 어두운 밤길을 비추었을 것이다. 넘어지지 않도록, 길 잃지 않도록….

2. 실패했으나 끝나지 않은 선구자들의 뜻

19세기 초반부터 협동조합 선구자들의 뜻을 이어받으면서도 더욱 현실적인 대안을 마련하여 협동조합을 건설하고자 한 개척자들의 눈부신 활약이 시작된다. 그런데 각 나라마다 사회경제적 조건과 개척자들의 성향에 따라 조금씩 다른 전통이 만들어진다. 대표적으로 영국에서는 2장에서 본 소비협동조합을, 프랑스에서는 노동자협동조합을, 독일에서는 신용협동조합을 들 수 있다. 이 외에도 벨기에에서는 19세기 중반을 지나 제빵사협동조합을 시작으로 약국협동조합이 설립된다. 영국의 소비협동조합의 사례는 앞 장에서 이미 살펴보았으니 여기서는 노동자협동조합과 신용협동조합의 탄생 과정을 다루도록 한다.

노동자협동조합 모델의 탄생, '내 노동의 주인은 나야 나~'

우선 노동자협동조합은 기독교인이면서 스스로 생시몽의 진정한 후예라고 여겼던 필립 뷔셰Philippe Buchez(1796~1865)로부터 시작되었다. 그는 경쟁을 위해 가격을 낮추기 때문에 노동자들의 임금이 하락하고 실업이 양산된다고 보았다. 또한 노동자들은 노동을 함으로써 사회로부터 받은 것을 돌려

주는 양심을 가진 존재들인 반면, 기업가들은 자본을 가지고 이윤을 취하는 기생충으로 여겼다. 이렇게 두 계층으로 나뉜 사회에서 힘없는 노동자들이 기독교 윤리에 따라 근면하게 일하며 인간으로서 존엄성을 되찾기 위한 방안을 모색하다가 '노동자결사체association ouvrière'*와 협동조합에서 그 답을 찾았다. 그리하여 1834년에 훗날 노동자협동조합이 된 '노동자생산결사체'라는 모델을 구상하게 되었다. 그 이전에 뷔셰는 1831년에 쓴 《도시 임금노동자 생활조건 향상 방안Moyen d'améliorer la condition des salariés des villes》이라는 글에서 자신의 구상을 선보였다. 이 글에 따르면 노동자결사체를 두 종류로 구분할 수 있다. 첫째는 1차 생산공장에서 일하는 비숙련 노동자들을 위한 일종의 '노동조합 결사체'로서 임금 상승을 위해 필요한 것으로 보았다. 두 번째는 이미 자신들의 거래처가 확보되어 있는 장인들을 위한 것으로 '협동조합 결사체' 형태이다. 이런 면에서 볼 때 노동자협동조합의 기원은 전문적인 기술을 가지고 독립적인 노동을 하는 장인 중심의 협동조합임을 알 수 있다.

뷔셰는 훗날 노동자협동조합의 핵심 운영원리의 토대를 닦았다. 첫째, 결사한 노동자들은 기업가로 구성되어 한 명

---

* 뷔셰는 오언주의자인 조제프 레이(Joseph Rey, 1779-1855)가 1826년에 〈생산자(Producteur)〉라는 잡지에 보낸 글에서 노동자결사체라는 표현을 사용한 것을 보고 그것을 협동조합이라는 개념과 결합한다.

의 경영책임자를 선출한다. 둘째, 각각의 조합원은 관행에 따라 평등의 원칙에 의거하여 임금을 수령하되, 순이익의 80%는 제공된 노동에 따라 분배한다. 이 두 번째 조항은 소비협동조합의 이용고배당에 해당하는 '노동배당'의 의미를 가진다. 셋째, 나머지 이익의 20%는 양도할 수 없는 공동자산에 할당한다는 원칙이다. 이 세 번째 원칙은 현재 '비분할적립금' 혹은 '불분할적립금'*이라는 규정으로 정착된 것이다. 네 번째는 협동조합이 활동을 청산하거나 해산할 때 이렇게 형성된 공동 자산의 귀속(歸屬)과 관련한 원칙이다. 이에 대하여 생시몽을 따르던 사람들은 국가에 귀속해야 한다고 하였으나, 뷔세는 노동자집단에 귀속하는 것이 합당하다고 보았다. 이 네 번째 원칙 또한 오늘날 협동조합의 중요한 운영원리로 정착된 것이다. 대부분의 나라에서 협동조합 법에는 이 귀속 조항을 담고 있는데, 그 귀속처는 다른 협동조합이나 협동조합연합회의 기금 혹은 다른 사회적 목적을 가지는 활동을 하

---

* 영어로는 indivisible reserve로서 적립금이라는 자본의 성격 자체가 '나누어가질 수 없는 돈'이라는 뜻이다. 그러니까 적립금은 어느 누구의 것이 아닌 공동 소유이기에 배당할 수 없다. 이러한 조항을 두는 까닭은 첫째, 협동조합의 이익은 협동의 결과이기에 그 결과물을 개인의 이익을 위해 사용하는 것은 운영원리에 맞지 않으며, 둘째, 협동조합의 목적은 개인의 이익을 극대화하는 것이 아니라 그 조합이 존재함으로써 조합원이 지속적으로 혜택을 받는 것이므로 개인에게 배당하지 않고 공동의 자산으로 형성하는 것이 목적에 부합하기 때문이다. 세 번째 이유는 협동조합이라는 조직의 구성원의 결속력을 강화하기 위해서는 우리의 것, 즉 '공동의 것(commons)'이 많아져야 하기 때문이다. 그러니 비분할적립금은 가장 협동조합다운 돈이라 할 수 있다.

는 기관으로 한정하고 있다. 다섯 번째는 보조노동자를 고용할 수 있다는 원칙이다. 이 원칙을 마련한 까닭은 노동자협동조합은 다른 협동조합과는 달리 자신의 노동을 제공하여 임금을 받는 임금노동자가 조합원이자 조합의 운영자가 되는 특성을 가지기 때문이다. 그래서 단순히 노동만 제공하여 임금만 받고 조합원 자격을 갖지 않는 보조노동자를 두는 것이 합당한가 하는 문제가 제기될 수 있다. 이런 까닭에 뷔셰는 이와 같이 필요한 노동을 조달하는 문제를 해결하기 위한 조항을 두었는데, 그 기준은 장인의 역량을 갖고 있지 못하는 일꾼으로서 장인의 업무를 보조하는 역할을 담당하는 사람에 한해서 비조합원 노동자를 고용할 수 있다는 원칙을 제시한 것이다. 이러한 원칙은 이후 노동자협동조합에서 비조합원 임금노동자의 참여와 비율에 관한 원칙을 정립하는 데 도움을 준다는 점에서 의미 있다고 할 수 있다.

뷔셰는 노동자협동조합의 운영원리를 구상하는 데 그치지 않고 1834년에는 자신이 직접 최초의 노동자협동조합을 설립하기도 했다. 함께한 이들은 빠리의 전형적인 장인들로서 조합의 명칭은 '금박의 보석세공사들Bijoutiers en doré'이다. 물론 당시에는 노동자협동조합이라는 지위가 없었고, 많은 결사체들이 탄압받던 시기였기에 이 조직 또한 임의단체의 성격을 가진다. 그러다가 1843년에야 공식적으로 단체명의로 기업의 지위를 가지게 된다.

그런데 협동조합의 운영체계라는 것이 이론적으로는 그럴 듯해 보일지라도 현실에 부딪히면 굴절될 수밖에 없다. 창업하여 운영하다 보니 뷔셰 또한 자신이 정립한 원칙을 조금씩 수정하고 변경하여 적용하게 되었다. 우선 해산시 나눌 수 없고 양도할 수 없는 적립금 귀속과 관련해서 1843년에 노동자집단에서 기초자치단체인 시commune로 변경했다. 이렇게 된 계기는 몇 명의 부정한 조합원들이 적립된 기금 일부를 착복하려는 시도가 있었기 때문이다. 다른 하나는 보조노동자의 고용에 관한 것으로, 어떠한 경우에도 보조노동자를 3개월 이상 고용할 수 없도록 엄격히 제한했다. 이렇듯 뷔셰가 설립한 노동자협동조합은 1834년에서 1873년까지 운영되는 동안 엄격한 원칙을 견지했다. 왜냐하면 초기의 시도로서 그 조직이 모범적인 사례이자 노동자들의 희망이 되어야 한다고 생각했기 때문이다. 그러하기에 40여 년간 운영되는 동안 조합원 수는 제한적일 수밖에 없었다. 1846년에는 13명이었고, 1867년에는 조합원 8명에 보조노동자가 12명이었다.

혁신적인 기업가 고댕의 파밀리스테르와 노동자협동조합

앞서 푸리에는 노동과 생활공동체인 팔랑스테르를 구상

VUE DU FAMILISTÈRE DE GUISE – PALAIS SOCIAL

▲▲ 푸리에의 팔랑스테르

푸리에가 구상한 팔랑스테르를 화가 아흐누(Arnoult)
가 그린 석판화의 축소판.
출처: 사회적경제재단 FONDES가 발간한 《사회적경제 역사》

▲ 고댕이 건설한 사회적 궁전 '파밀리스테르'

출처:Gallica BnF

◀ 파밀리스테르 설립자 장-밥티스트 고댕

출처:사회적경제재단 FONDES가 발간한 《사회적경제 역사》

▼ 고댕 화로의 제품 중 철창이 없는 난로 모델

출처: 사회적경제재단 FONDES가 발간한 《사회적경제 역사》

▲ 고댕 화로의 신제품 소개 자료

출처: 사회적경제재단 FONDES가 발간한 《사회적경제 역사》

◀ 기즈의 파밀리스테르에서 제작하는
고댕 화로의 엠블렘

출처: 사회적경제재단 FONDES가 발간한 《사회적경제 역사》

만 하고 돈줄을 찾지 못해 생전에 실현하지 못했다고 했다. 그가 기다리던 능력 있고 야심찬 기업가가 그가 저 세상으로 갈 무렵 겨우 20대였던 청년 고댕이었다. 고댕은 약관의 나이에 프랑스 전역을 돌아보며 사람들이 얼마나 비참하게 사는지 그 실상을 파악하고 결심한 바 있었다. 그때를 회고하며 이렇게 썼다. "나는 노동자들의 비참함과 그들의 욕구를 적나라하게 보았고, 이 숨 막히는 현실 한가운데서 비록 지금 내가 가진 능력은 보잘것없지만 이렇게 다짐했다. '언젠가 내가 이 노동자들의 삶의 수준을 극복하는 날에는 그들의 삶이 더욱 견딜 만하고 평안할 수 있는 방안, 그리고 그들의 노동이 고양될 수 있는 방안을 찾을 것이다.'"*

청년 고댕은 함석 화로 공장에서 일하다가 무쇠 주물화로를 개발하며 이른 나이에 작은 공장을 운영하게 되었다. 그러던 중 1842년에 이미 알고 있던 생시몽의 생산주의에 푸리에의 사상을 결합하면 그가 다짐했던 이상을 실현할 완벽한 그림이 그려진다고 생각했다. 그리하여 그때부터 열성적으로 사업을 하면서 동시에 사회활동을 펼쳐나갔다.

고댕의 수익 분배에 관한 원칙은 노동, 자본, 재능이라는 세 원칙에 '자연(본성, Nature)'을 추가했다. 이는 푸리에의 '필요한 정도에 따라'라는 원칙을 더욱 분명히 한 것이다. 자연

---

* J. B. 고댕(J. B. Godin), 《사회문제의 해결책Solutions Sociales》, 1871.

의 원칙이란 각자에게 최저생활을 보장하자는 것으로 현재로 보면 최저임금제도를 도입한다는 뜻이다. 이에 더하여 고댕은 공제조합의 운영에서 영감을 받아 이 제도를 더욱 발전시켜 국가의 재정적 기여까지 포함한 '사회적 공제조합' 제도를 구상하기도 했다.* 이 구상은 오늘날 우리가 알고 있는 사회보험제도를 예고하는 선구적인 발상이라 할 수 있다.

이렇듯 공장 안 노동자들의 노동조건뿐 아니라 공장 밖의 생활과 사회적 위험에도 대비할 수 있는 체계까지 고민한 고댕은 1852년부터 자신의 계획을 착착 실행하며 왕성한 활동력을 보인다. 그리고 자신은 잘나가는 기업의 사장이지만 번 돈을 사회사업에 쓰는 자선사업가의 길을 선택하지 않았다. 그는 자기 공장의 노동자들과 함께 주인이 되기를 원했으며, 협동의 힘으로 노동자들의 운명을 개척함으로써 하찮게 여겨지는 노동의 가치를 존엄한 활동으로 고양시키고자 했다. 그래서 우선 1852년에는 기즈Guise에서 직원들에게 닥칠 각종 사회적 위험에 대비하기 위하여 구호금고를 마련했다. 이는 일종의 직원을 위한 공제조합이라고 할 수 있다.

1859년부터 1867년까지는 본격적으로 노동자가족공동체인 파밀리스테르를 건설하는 시기이다. 파밀리스테르는

---

* 이와 관련한 내용은 1880년에 출간한《사회적 공제조합과 자본과 노동의 결사체Mutualité Sociale et l'association du capital et du travail》에 나와있다.

▲▲파밀리스테르의 공동빨래터

　출처: https://www.familistere.com/fr

▲파밀리스테르의 학교

　출처: https://www.familistere.com/fr

고댕의 화로공장에서 일하는 노동자들과 그들의 가족을 위한 거주시설로서 오늘날로 보면 일종의 직원사옥이라 할 수 있다. 하지만 고댕은 단지 직원들을 위한 거주시설을 마련해준 것이 아니라 그가 명명했듯 '사회궁전^{Palais social}(노동의 궁전)'을 세우는 일이었다. 그러니까 왕궁에는 왕실의 가족들에게 필요한 모든 시설이 갖추어져 있듯이 이 파밀리스테르에는 노동자들과 그 가족들에게 필요한 시설을 갖추어 작은 마을 공동체를 만드는 계획이다. 부르주아들은 돈으로 누리는 쾌적한 주거와 생활환경을 돈이 없는 노동자들은 협동의 힘으로 이룩하고자 한 것이다. 그래서 그 안에는 거주에 필요한 식당과 세탁실 등 생활시설뿐 아니라 극장과 학교를 비롯하여 식료품을 구입할 수 있는 가게도 포함되어 있다. 이 식료품 가게는 오언과 로치데일 공정개척자들의 원칙을 적용하여 협동조합으로 운영되었다. 왜냐하면 고댕은 노동자들과 그들의 가족이 생활에서 협동의 문화를 배우고 익히기 바랐기 때문이다.

파밀리스테르의 실제 건설은 1861년부터 시작되었는데, 푸리에의 팔랑스테르 모델에 영감을 받았기에 푸리에주의자인 건축가에게 설계를 맡겼다. 하지만 푸리에의 실패를 교훈삼아 고댕은 신중하게 접근하기로 했다. 그 거대한 건축을 한꺼번에 짓지 않고 긴 시간을 두고 단계별로 건설하여 재정 압박을 받지 않고 하나하나 설계도를 완성해가는 지혜를 발휘했다.

무쇠화로 공장, 노동자들이 살 아파트와 생활 시설, 그리고 학교와 극장과 협동조합 가게 등을 포함한 건물로 구분되는 이 거대한 가족공동체는 총 3만m^2(약 1만 평)의 면적에 걸쳐있다. 공장의 노동자 수는 날로 증가하였으나 다 수용하지 않고 근무연수와 운영원칙에 따라 분류하여 약 500명의 노동자와 그 가족들이 살게 되어 고댕의 사후 1889년에는 1,748명이 거주했다고 한다.

1867년부터 1872년까지는 본격적인 노동자 참여 경영과 노동자협동조합으로 전환하기 위하여 다양한 실험을 하며 준비 기간을 두었다. 이후 1877년에는 드디어 현재의 '종업원지주제'와 같은 형식의 노동자이윤참여제도를 도입하여 실행하였다. 그러니까 이때는 일반 영리기업과 협동조합의 중간 형태로서 자본과 노동이 결합한 기업의 꼴을 가진 것이다. 이를 계기로 고댕은 프랑스에서뿐 아니라 유럽 차원에서도 중요한 '(노동자)참여주의 (기업)운동'의 선구자가 되었다. 또한 그의 모델은 영국 기독교사회주의자들의 협동조합운동에 많은 영향을 끼쳤다.

고댕의 말년은 평생의 숙원사업을 실행하는 과정이었다. 그래서 노동자협동조합으로 전환하기 위하여 먼저 노동자들과 함께 '파밀리스테르회Société du Familistère'를 설립했고, 이 회를 기반으로 자신의 기업을 노동자협동조합으로 전환한 것

기즈에 있는 파밀리스테르의 현재 모습

유네스코의 세계유산으로 지정된 기즈의 파밀리스테르는 현재 복합문화공간으로 변신하여 일반인들이 방문할 수 있다. 이 중앙홀에서는 매년 5월 1일 노동절에 파밀리스테르의 노동자 가족들이 모여 축제를 벌였다. 출처:https://www.familistere.com/fr

이다. 물론 그 과정은 순탄하지 않았다. 모든 노동자들이 스스로 기업의 주인이 되어 책임을 지는 것을 원하는 것도 아니고, 설사 원한다 하더라도 어떻게 참여하고 운영해야 할지 알고 훈련된 사람은 없기에 많은 어려움을 겪었다.

고댕은 오언과 같은 기업가 출신이었으며 생시몽과 푸리에의 사상에 큰 영향을 받은 선구자들의 후예이다. 하지만 고댕은 선구자들과는 달리 살아생전에 커다란 실패를 맛보지 않았다. 파밀리스테르의 노동자 수는 1887년에는 1,526명에 이르렀고 벨기에에 자회사를 설립할 정도로 번창했다. 그의 사후에도 그의 유지를 따르는 동료 노동자들이 안정적으로 경영하여 1930년에는 프랑스와 벨기에 노동자들의 합이 2,500명에 이를 정도였다. '고댕 화로' 브랜드는 다양한 모델을 만들어 유럽에서 명성을 이어갔으나, 2차 대전 후 산업 부흥시기에 격화된 경쟁에서 버티지 못하고 자금난에 허덕이다가 1968년에는 급기야 주식회사로 전환하였고, 1970년에는 일반 기업*에 합병되어 그 역사는 막을 내렸다.

1840년에서 1968년까지 약 130년간 지속된 고댕 화로, 그리고 1861년에서 1968년까지 한 세기를 넘어 이어온 노동자가족공동체 파밀리스테르. 우리는 노동자협동조합의 뒤에 그러한 역사가 숨어 있는지 알지 못하고 살았다. 스페인 바스크 지방의 몬드라곤협동조합복합체는 들어보았지만 그전에 어떤 시도와 실험과 좌절이 있었기에 지금 우리가 알고 있는 노동자협동조합이 생길 수 있었는지는 알지 못했을 것이다. 그냥 노동자들이 만들었기에 노동자협동조합이려니 할 수만은 없는 무수한 이야기가 그 뒤에 있다. 먹고살기도 빠듯한 노동자들의 삶을 바꾸고 그들이 주인이 되어 자율적으로 경영하는 기업을 만들기 위해 얼마나 많은 고뇌와 고민과 실패와 실망이 있었을까? 글을 읽지도 쓸 줄도 모르고 학교도 제대로 다니지 못하고 어린 나이에 공장생활부터 시작

---

* '고댕 화로'를 합병한 회사는 주방기구(특히 오렌지색의 무쇠 주물 냄비)로 유명한 브랜드인 '르 크뢰제(Le Creuset)'이다. 원래 이 회사는 1925년에 벨기에 출신의 삼형제가 고댕이 살던 곳에서 창업했는데, 1988년에 남아프리카 출신 영국 사업가가 인수하여 세계적인 브랜드로 성장했다.

한 노동자들과 공동으로 소유되고 민주적으로 통제되는 기업을 만들겠다는 이상을 가진 이들이 있었기에 협동조합의 역사는 더욱 낮은 사람들의 역사가 될 수 있었을 것이다.

협동을 위한 돈과 은행의 탄생

노동자협동조합이 도시 노동자들 중심으로 이루어졌다면 신용금고나 신용협동조합과 같은 협동조합 금융기관은 굶주린 농촌에서 시작되었다. 그 대표주자는 독일의 라이파이젠 Friedrich Wilhelm Raiffeisen(1818~1888)과 슐체-델리치 Franz Hermann Schulze-Delitzsch(1808~1885)다. 라이파이젠은 사회기독교주의자로, 슐체-델리치는 자유주의 성향으로 분류되지만 둘 다 협동조합 은행을 시작한 동기는 같다. 그것은 1846~47년 동안, 특히 겨울에 유럽 전역을 강타한 경제위기와 식량위기에 따른 곡물파동으로 농촌이 큰 어려움을 겪던 시기였다는 점이다. 또한 그들은 신용기관을 만든 후 서신을 교환하며 관계를 이어 갔다.

라이파이젠의 빵과 농민을 위하는 마음

라이파이젠은 1845년에 서부의 작은 도시 바이어부쉬 Weyerbusch의 시장으로 임명되었다. 시장이라지만 작은 마을의 촌장 격인데, 그는 마을주민을 아끼는 마음으로 지역민이 겪는 어려움을 보고 '바이어부쉬 빵분배회'를 설립하면서 그의 활동을 시작한다. 당시 독일 농촌은 지금의 독일과는 달리 대부분의 농민이 굶주린 상태였고, 그러한 농촌의 실정을 본 라이파이젠은 사람들의 협동과 연대로 그 문제를 해결해야 한다고 생각했다. 이 회는 가난한 농민을 돕기 위한 자선 단체였는데, 농민들에게 빵과 곡물을 나누어주기 위하여 공동체 화덕을 운영했다.

하지만 라이파이젠은 이 경험을 통해 깨달은 것이 있다. 자선은 필요하지만 이 방식으로는 지속적인 운영을 보장할 수 없을 뿐 아니라 농민의 상황을 호전시키기 어렵다는 것이다. 그리하여 농민이 스스로 운명을 개척할 수 있도록 자조의 원칙을 바탕으로 운영되는 조직을 구상했다. 그러던 중 1848년에 바이어부쉬 남쪽 플라머스펠트Flammersfeld로 옮겨갔는데 거기서 농민들이 고리대금으로 인해 심각한 피해를 입는 것을 목격했다. 까닭인즉슨 농민들이 소유한 가축을 담보로 돈을 빌려 갚지 못하면 담보 잡힌 가축을 몽땅 잃고 농사일을 할 수 없어 쫄딱 망하게 된 것이다. 그래서 라이파이젠은 1849년에 '빈농구호회'를 설립했다. 이 회는 가축을 사들여 농민들에게 아주 낮은 비용으로 빌려주어 농사를 짓게 해줌으로써 농민들이 재기하도록 기획한 것이다. 독실한 기독교인이었던 라이파이젠은 60명의 기독교인들을 설득하여 빈농구호회의 보증인이 되어줄 것을 요청했고, 이들의 보증으로 은행에서 돈을 빌려 70마리의 소를 사서 농민들에게 장기 임대해주었다. 이러한 방식을 통해 재기에 성공한 농민들이 임대한 소를 갚게 되면서부터 빈농구호회는 자금을 확보할 수 있었다. 그리하여 이후에는 더 이상 가축을 사지 않고 농민들에게 직접 자금을 대출해줄 수 있었다. 그러니 이 회는 농업신용대출의 전신이라 할 수 있다.

1852년에 라이파이젠은 헤데스도르프Heddesdorf로 전출되었다. 이곳은 라인란트 지방의 공업이 발달한 노이비드Neuwied 인근으로 이전에 살던 곳과는 달랐다. 거기 도착하자마자 라이파이젠은 60여 명의 잘 사는 주민들과 함께 '헤데스도르프 자선단체'를 설립했다. 이 단체는 그가 플라머스펠트에서 빈농구호회를 만들어 운영한 경험에 기반하면서도 한층 더 광범위한 목적을 추구하고자 했다. 그래서 가능한 모든 수단을 동원해서 주민들의 생활 조건을 향상시킬 수 있는 방안을 모색했다. 예컨대 버려진 아동들을 보호하며 교육을 책임지고, 실업자와 형기를 마친 범죄자들의 일자리를 마련하고, 돈이 없는 농부들에게 가축을 신용대출 해주고, 서민들을 위한 신용금고를 준비하는 것들이다.

이런 방식으로 몇 년 동안 운영한 후 라이파이젠은 채무자들에게 단체의 회원이 되도록 제안하여 채무자와 채권자를 연결하는 조직 형태를 구상했다. 이렇게 되면 채무자와 채권자가 함께 단체의 번영을 위해 협동할 것이라는 점에 착안한 것이다. 이뿐 아니라 아무리 가난한 사람이라도 타인의 도움만 바라고 아무것도 하지 않는 것은 기독교인의 윤리에 어긋난다고 생각했기 때문이다. 이렇게 해서 1862년에 단체의 정관을 변경했고 마침내 탄생한 것이 '헤데스도르프 신용대출금고'이다. 이후 대출을 원하는 모든 이들은 단체에 가입해야 하며, 지불가능한 보증인이 보증을 서야 대출이 가능하도록 했다. 이 외에도 라이파이젠은 엄격한 운영을 위하여 6개의 원칙을 세웠다. ①제한된 구역에서의 영업 ②회원의 무한책임 ③양도할 수 없는 적립금 형성 ④배당 금지 ⑤회원에 한해서 대출 허용 ⑥이사직은 보수 없는 명예직. 라이파이젠은 자신이 설립한 단체가 정치적, 종교적 성격을 가지게 하지는 않았지만, 이 6개의 원칙에서 알 수 있듯 엄격한 규범을 따르는 체계를 마련했다고 할 수 있다.

　그런데 라이파이젠의 시스템은 자유주의 성향의 법학자인 슐체-델리치의 비판을 불러왔다. 왜냐하면 슐체-델리치는 1867년에 독일 협동조합법의 기초가 되는 프러시아법을 제출했는데, 그는 이 법을 통해 자본 없이는 결사체를 만들수 없다는 조항을 통과시켰기 때문이다. 하지만 라이파이젠은 이 조항을 어기지 않으면서도 자신들의 처지에 적합한 조직 형태를 유지하기 위하여 묘수를 냈다. 출자금을 아주 적은 액수로 정한 반면 배당금을 배제하는 원칙을 만든 것이다. 그런데 법의 제정으로 제약만 있었던 것은 아니다. 이 법을 통해 협동조합 점검제도*가 도입됨으로써 경영 상태를 감독하는 제도를 의무화하였을 뿐 아니라 상급 기관에게 지원을 받을 수 있도록 한 것이다.

이렇게 라이파이젠의 신용대출금고는 법의 제약을 현명하게 우회하면서도 법의 혜택을 활용하여 지혜롭게 운영한 결과 커다란 성공을 거두었다. 1890년경 독일과 오스트리아에 걸쳐 700개의 금고가 설립될 정도였으며, 이웃나라인 스위스와 벨기에, 이탈리아까지 확산되었다.

오늘날 라이파이젠은행은 독일의 대표적인 은행이며, 특히 라이파이젠의 3원칙은 세계 많은 은행들이 원칙으로 적용하고 있다. 그 3원칙은 자조self-help, 자치self-governance, 자기책임self-responsibility이다. 자조란 같은 목적을 가진 사람들이 개인의 이익과 공통의 이익을 추구하기 위하여 협동한다는 뜻이며, 자치란 협동조합의 멤버들이 조합의 운영에 민주적으로 참여한다는 뜻이며, 자기책임이란 협동조합의 멤버들이 협동조합의 지속가능한 운영을 통하여 그들의 삶을 개선하는데 적극적으로 참여한다는 뜻이다.

---

* 협동조합 점검제도는 협동조합에 관한 법에 포함된 것으로 보통 일정 규모 이상의 협동조합은 3~5년에 1회 의무적으로 실시해야 한다. 그 목적은 협동조합의 원칙에 따라 조합원의 통제가 민주적으로 이루어지는지 운영 상태를 파악하고, 개방적이고 투명하게 운영되는지 경영 상태를 파악하여 부정과 부실을 막는 것이다. 불어로는 révision coopérative, 영어로는 cooperative review로 표기된다.

슐체-델리치의 속내와 민중은행의 성공

　같은 정치 경력을 가졌지만 라이파이젠이 시골 촌장 같은 목민관의 이미지를 가졌다면 슐체-델리치는 중앙 정치 무대에서 활동하며 협동조합법을 제정하는 역할도 했던 인물이다.

　법학자이자 정치인이었던 슐체-델리치는 원래 성이 슐체였으나 1848년 그가 프러시아 국회에 입성했을 때 같은 성을 가진 정치인들이 있어서 자신의 고향인 델리치를 붙여 슐체-델리치로 바꾸어 사용했다. 한국에서는 이름을 개명하는 일은 있어도 조상에게 물려받은 성을 개명하는 일은 상상할 수 없는 일이나 당시 독일에서는 가능했던 듯하다. 그 또한 라이파이젠과 마찬가지로 곡물파동 당시 구호위원회를 만든 경험이 있고, 1849년에는 '질병사망보험금고'를 설립하기도 했다.

　그가 협동조합에 관심을 가진 것은 하원에서 노동자들과 장인들의 노동조건을 조사하는 위원회를 맡은 것이 계기가 되었던 것으로 보인다. 하지만 그가 본격적으로 협동조합에 뛰어든 까닭은 단지 이 때문이 아니라 당시의 정치적 맥락과 그의 이념적 성향도 작용했던 듯하다. 우선 그는 이념적으로는 스튜어트 밀Stuart Mill과 같은 자유주의자의 영향을 받았다. 그리고 협동조합에 관심을 가진 까닭은 노동자들을 위해서

라기보다는 오히려 노동자들이 삶의 조건이 악화되어 프롤레타리아가 되면 중산층이 소멸될 것을 걱정했기 때문이다. 하지만 그는 초기의 라이파이젠과는 달리 사회문제를 해결하는 방식으로 자선은 옳지 않다고 판단했다. 그리하여 자조의 정신에 입각한 생산조직인 협동조합에서 중산층이 삶의 조건을 유지할 방안을 발견했던 것이다.

이러한 신념을 바탕으로 1850년대부터 본격적으로 그의 구상을 밝히는 저술 작업과 더불어 실천 현장에도 뛰어들었다. 먼저 1850년에는 민중은행 형태의 신용대출 조직 Vorschussvereine을 설립했다. 이것은 최초의 서민 신용대출 조직으로서 처음에는 도시와 농촌 사람들, 중산층과 프롤레타리아까지 아우르고자 했다. 하지만 점차 농민과 노동자들이 빠져나가 결국 도시민과 중산층만 남았으나 조직은 급속히 확산되기 시작했다. 그리하여 1890년경에는 이미 5만 명의 회원을 가진 1,000개의 조직으로 확대되었으며, 지역별 연합체를 관장하는 중앙회 체계도 갖추게 되었다.

같은 독일에서 금융협동조합운동을 시작했지만 슐체-델리치의 방식은 라이파이젠과는 분명히 구별되었다. 그는 자선과 구호의 목적을 배제하고 순전히 은행의 기능만을 가지며, 농촌의 가난한 농민이 아닌 도시의 중산층을 고객으로 하는 신용대출 조직으로서의 정체성을 가졌다. 이러한 방향성의 차이는 운영에서도 라이파이젠의 신용대출 조직의 운영원칙과도 차이를 보인다. 우선 수익이 날 때 회원들에게 배당을 했으며, 이사들에게도 보수를 지불했고, 회원들을 통해 자본을 조달했으며, 보증을 요구하고 높은 이자를 부과했다. 또 영업 구역도 훨씬 넓었다.

슐체-델리치의 성공은 이웃나라인 프랑스와 벨기에, 이탈리아에도 영향을 미쳤다. 특히 이탈리아에서는 두 정치경제학자인 비가노Francesco Vigano(1806~1891)와 루짜티Luigi Luzzatti(1841~1927)가 슐체-델리치의 방식을 도입했다. 비가노는 생시몽이나 로치데일 공정개척자들과 같이 다양한 협동조합운동의 선구자들에게 영향을 받은 이였으나 루짜티는 전형적인 자유주의 사상을 가진 법학자이자 정치경제학자였다. 비가노와 루짜티 둘 다 슐체-델리치의 은행을 이탈리아에 적용하여 각각 민중은행을 설립했다. 하지만 언변이 뛰어난 정치인이자 재무장관을 4번이나 역임했으며 수상직까지 오른 루짜티가 민중은행을 확산시키는 데 더 큰 영향력을 발휘했다. 그가 신용협동조합에 대해 가진 생각 또한 슐체-델리치와 다르지 않았다. 1889년에 쓴 편지에서 그가 왜 신용협동조합을 강력히 추진했는지 알 수 있는 구절이 있다.

"노동자들이 신용대출을 통해 경제적 힘을 가지기 전에 먼저 도덕적 힘을 가지도록 해야 한다. 이 도덕적 힘에 그들의 경제적 미래가 있음을 설득하고, 이를 통해 가진 자들을 부러

워하지 않게 됨으로써 그들이 사회주의자가 되는 것을 막을 수 있다. 지금까지 신용대출이라는 태양은 저 꼭대기만 비추었다. 하지만 그 태양은 골짜기 아래, 그리고 노동이라는 외눈박이 거인이 고된 삶을 사는 동굴까지 비추어야 한다."

이 구절을 보면 루짜티가 신용협동조합을 어떤 목적으로 도입했는지 충분히 짐작할 수 있을 것이다. 루짜티에게 신용협동조합은 노동자들의 삶의 조건을 개선할 수 있는 수단 이상의 의미를 가진다. 그는 노동자들이 근검절약하여 저축을 해서 자산을 형성하기를 바랐다. 그렇게 되면 노동자들이 비록 적은 액수일지라도 자본을 소유하게 되어 유산자계급인 부르주아들과 한통속이 되고, 그러면 부르주아계급을 타도하려는 사회주의에 물들지 않을 것이라 기대했던 것이다.

이렇게 볼 때 슐체-델리치나 루짜티와 같은 자유주의자들이 협동조합운동에 매진했던 까닭은 본질적으로 정치적인 목적이 컸다고 할 수 있다. 그들에게 신용협동조합은 저축의 가치를 알릴 수 있고, 또 노동자들이 자본을 보유함으로써 삶의 조건을 개선하여 소자본가가 되면 사회주의에 경도되지 않게 된다는 기대를 충족시켜주는 수단인 것이다. 그러니 신용협동조합은 사회적 갈등과 충돌을 막는, 사회문제가 과

---

* 겔랭(1998), p. 141.

격하게 터지지 않도록 모면하게 하는 방안으로 유용하게 여겨졌다.

하지만 루짜티는 1864년에 롬바르디아 지방의 로디에서 이탈리아 최초의 민중은행Banca popolare di Lodi을 만들 때 슐체-델리치의 운영방식을 그대로 모방하지는 않고 이탈리아의 특성을 반영하여 변형했다. 그리하여 회원들에게 신용대출을 하던 이탈리아의 상호구호공제조합의 모델을 도입하여 새로운 모델을 만들었다. 우선 과도하게 고객을 선별하지 않기 위하여 대출금액과 출자금에 대한 보상을 제한했다. 또한 당시 이탈리아의 관행이었던 어음 할인도 수용했고, 보증은 조합원 중 관리위원들을 통해 이루어졌다. 종합해보면 루짜티의 민중은행 모델은 장인들의 아뜰리에, 상점과 같은 소기업을 겨냥한 모델이었다고 할 수 있다.

한편 루짜티와 사상적 기반과 정치적 성향이 달랐던 비가노는 협동조합에 대한 이론적 연구뿐 아니라 민중은행에 대한 심층 연구 후 1863년에 책*을 발간했다. 이후 자신의 고향인 롬바르디아 지방의 소도시 메라테Merate에서 1874년에 첫 번째로 브리안테아 민중은행Banca popolare di Briantea을 설립한 후 여러 개의 민중은행을 설립했다. 또한 프랑스와 교류가 많았

---

* 《민중은행 일반론Le banche popolari in generale》으로 밀라노에서 발간되었고, 2쇄는 1875년에 프랑스의 파리에서 발간되었다. https://fr.wikipedia.org/wiki/Francesco_Vigan%C3%B2

던 비가노는 빠리에 민중은행이 설립되는 데 기여했다. 하지만 비가노의 관심은 신용협동조합에 머물지 않고 로치데일 공정개척자 방식의 소비자협동조합을 비롯하여 협동조합의 이론화에도 기여했고, 특히 협동조합의 연합회 구성에도 헌신하여 1886년에는 지금의 레가코프Legacoop의 전신인 이탈리아 협동조합연합회Federazione delle Società Cooperative Italiane의 초대 회장을 맡기도 했다. 비가노의 영향도 있었지만 슐체-델리치의 신용협동조합이 이탈리아에서 성공하자 프랑스는 이탈리아화된 슐체-델리치 모델을 도입하게 된다.

3. 가장 정치적인 협동조합 벨기에의 보뤠트Vooruit(앞으로)!

협동조합 선구자들의 반열에는 끼지 않지만 1880년 말에 설립된 벨기에의 빵집협동조합 보뤠트(앞으로!)는 꼭 짚고 넘어가야 할 역사이다. 왜냐하면 이 협동조합을 만든 동기와 목적이 많은 논쟁거리를 불러일으켰기 때문이다. 이 협동조합을 만든 이들은 독일의 슐체-델리치와 이탈리아의 루짜티가 그토록 적대시했던, 당시 국제 노동자 조직인 인터내셔널의 벨기에 겐트Ghent시 지부 소속의 사회주의자들이었다. 이들은 성공적인 사업으로 사회주의 이념과 협동조합의 결합에 성공한 보기 드문 사례로 이후 벨기에 협동조합운동에 지대한 영향을 끼쳤다. 따라서 이 사례를 통해 협동조합의 '정치적 중립성'에 대해 검토해보는 것도 의미 있을 것이라 판단된다.

사실 협동조합이 사람들의 결사체이기 때문에 누가 어떤 목적으로 만들었는지에 따라 이념적인 성향이 달라질 수 있다. 앞서 살펴본 선구자들도 영국의 오언과 프랑스의 푸리에 등은 유사했지만 독일의 라이파이젠과 슐체-델리치는 기독교주의의 영향과 자유주의 성향을 가졌다. 보뤠트의 핵심 설립자들인 앙셀Edward Anseele(1856~1938)과 반 베버렌Edmond Van Beveren(1852~1897)은 영국의 오언을 신봉하였으나 로치데일 공정개척자들이 가진 정치적 중립이라는 입장은 부정했다.* 그들은 노동자들이 당면한 생활조건을 개선하기 위해 협동조합이 필요하다는 것을 알았지만 협동조합만으로는 사회문제를 해결할 수 없다고 생각했다. 그러니 정치적 권리를 획득하기 위하여 사회주의자로서 활동을 계속하고, 이를 통해 스스로 국가의 주인이 되고 자본주의 조직을 사회주의적 집단주의 조직으로 전환시켜야 한다고 생각했다. 이것만 보면 보뤠트는 아주 전투적인 협동조합이며, 협동조합을 단순히 정치활동의 도구로 삼았다고 생각할 수 있다. 하지만 그들의 사례를 꼼꼼히 살펴보면 이념적 경향성을 뛰어넘어 그들의

---

* 로치데일이 정치적 중립성을 표방했다는 해석에는 이견이 많다. 이 문제에 대해서는 8장. '1995년, 협동조합의 정체성'에서 자세히 다루도록 한다.

치열함과 철저한 협동 정신은 아주 놀라우며, 협동조합적 천재성이 유감없이 발휘되었음을 알 수 있다. 그러하기에 이념적 편견에 갇히지 않고 그들의 역사를 보며 협동조합의 운영과 역할에 관한 시사점을 얻을 필요가 있다. 또한 그들의 역사는 여러모로 로치데일 공정개척자들과 공통점도 많아서 비교하는 재미 또한 적지 않을 것이라 여겨진다. 왜냐하면 보뤠트의 설립자들도 공정개척자들처럼 30여 명의 방직공들이었고, 그들 또한 생필품인 빵값이 터무니없이 비쌌기에 그 문제를 해결하기 위한 사업 모델을 수립했기 때문이다.

사업을 잘해도
분열과 갈등으로 찢어진 시작

보뤠트의 설립은 1880년 말이지만 전사가 있다. 애초에는 1873년에 방직공 출신의 노동자들과 몇 명의 장인들이 함께 '자유제빵사Vrije Bakkers'라는 협동조합을 설립했다. 가난한 노동자들이었던 그들은 출자금을 모으기 위해 매주 50상팀씩 저축했고, 10주간 각자 5프랑씩 모아 총 150프랑이라는 소액의 종자돈으로 시작했다. 설립과 동시에 인터내셔널 겐트 지부를 복구했고 빵집이 있는 건물 안에 지부 사무실을 두었다. 게다가 하루 일과를 마치고 모여서 협동조합의 운영에 대해 회의를 하고 나서도 노동계층의 공익에 대한 토론을 멈추지 않았다. 그렇게 성실히 일한 결과 이듬해 상반기에는 수익이 제로였지만 하반기에는 빵 한 개당 6상팀의 수익을 남겼다.

이들 또한 공정개척자들처럼 당시에 상점의 운영을 위태롭게 했던 외상 구입을 금지하고 현금 거래만 했으며, 조합원들의 경우 1주일 전 선불제를 실시하여 자금의 안정성을 도모했다. 그리하여 여러 해 동안 협동조합은 꾸준히 성장했다. 하지만 조합 내 열성 사회주의자들은 협동조합에 대한 선전보다는 사회주의 선전에 더 열을 올렸다. 그 결과 조합은 단순 협동조합 조합원들과 사회주의 우선주의자들로 분열되었다. 대의원들 사이에서는 사회주의운동에는 반대했지만 드러내놓고 말하지 못하는 이들이 많았고, 급기야 이사회와 총회에서 폭발하여 싸움이 벌어졌다. 하지만 사회주의자들이 돌아가는 판세를 보니 자신들이 주도권을 잡지 못할 듯 보여 집단적으로 탈퇴하고 그들만의 새로운 협동조합을 설립하기로 결정했다. 그리하여 이제 보뤠트의 역사가 시작된다.

앞으로, 앞으로!

탈퇴한 조합원들은 사회주의자들의 협동조합을 천명하며 빵집을 열었다. 부족한 자본금은 당시 사회주의운동을 주도

했던 방직공노동조합이 2,000프랑을 빌려주었다. 수익금의 일부는 사회주의 선전에 쓰기로 결정했다. 왜냐하면 그들의 궁극적인 목적은 싼값에 노동자들에게 빵을 파는 것이 아니라 훌륭한 사회주의자들을 양성하는 것이었기 때문이다.

사업은 대성공이었고 설립 후 조합원은 계속 늘어나 1년 만에 빚을 다 갚았다. 반면 이전 자유제빵사들의 협동조합은 기운이 빠져 해산했다. 사실 탈퇴한 조합원들은 겐트시에서 가장 똑똑하고 유능하며, 헌신적이고 과감한 노동자들이었으며, 노동해방을 향한 믿음과 열정이 대단했다.

사업은 확장을 거듭하여 1883년에는 시내 중심가에 있는 낡은 공장을 인수하여 제대로 시설을 갖춘 큰 빵집과 까페와 모임 공간이 있는 복합매장을 열었다. 보뤠트는 체계적인 운영과 경제적인 생산으로 이익이 급상승하여 반기별 이익을 배당했고, 그때마다 큰 축제를 열었다. 그리고 서민 밀집지역에 유인물을 뿌리며 자신들의 성과를 홍보하면서 참여를 독려했다.

1884년에는 폐공장부지에 신규 빵가게와 까페, 모임방뿐 아니라 극장과 조합 공간 및 사무실, 가게 등을 포함한 건물을 세웠다. 이때는 겐트시의 여러 노동자 단체들 전체가 참여하여 축하해주었다. 이렇게 대대적으로 개소식을 치른 까닭은 그 동안 협동조합을 탄압하고 깔보던 사회주의운동에게 메시지를 던지기 위해서이다. 보뤠트는 협동조합을 통해 노동자들의 당면한 문제를 해결하며 생활조건을 향상할 뿐 아니라 사회주의자 교육도 소홀히 하지 않는다는 것을 실천으로 보여주기 위함이었다. 그 결과 매주 12명의 신규조합원이 가입했고, 이전에는 곱지 않은 시선을 보내며 한걸음 물러나 있던 노장의 사회주의자들도 조합원으로 가입하여 보뤠트는 그야말로 퀜트시 사회주의자들의 집결지가 되었다. 이러한 성공에 힘입어 보뤠트 사례는 벨기에 전역으로 퍼져나갔다.

노동자들에게 필요한 것을
하나하나씩 만들어가다

1884년, 두 명의 이사가 재단 및 기성복 판매 가게를 열자고 제안하여 가게를 열었다. 하지만 노동력이 부족하니 조합원들은 낮에는 빵가게에서 일하고 저녁에는 문을 열어 장사를 했고, 판매 이익은 빵 쿠폰으로 지급했지만 재단가게에서도 이용할 수 있었다. 이 가게는 대성공을 거두어 큰 가게를 열고 종일 판매를 시작했다. 이뿐 아니라 1885년에는 모이슨Moyson공제조합의 조합원들을 위한 약국을 열어 성공을 거두었고 이듬해 바로 두 번째 약국을 열었다. 노동자들이 무슨 약국을 운영하겠냐며 비웃던 지역 유지들은 이 성공을 보고 깜짝 놀랐다고 한다.

지칠 줄 모르고 성공가도를 걷던 보뤠트는 1886년, 신문사를 설립하여 일간지를 발간했고 인쇄소까지 설치했다. 또한 정원이 있는 큰 건물을 구입하여 리모델링 후 보뤠트 2호점을 열었는데, 거기에는 까페와 모임방, 구둣가게와 주방기구를 판매하는 상점까지 아우르며 복합상가로 문을 열었다. 1887년에는 세 번째 약국과 식료품 상점을 열었으며, 6,000 제곱미터에 달하는 땅을 구입하여 석탄사업도 시작했다. 처음엔 트럭과 말 한필로 시작했으나 이듬해인 1888년에는 말이 6필로 늘어났다. 그 부지의 남은 땅에는 지역에서 가장 크고 최신 시설이 갖추어진 빵집을 만들어 1889년에 문을 열었다.

위협적인 성공,
이어진 방해공작과 정면대결

보뤠트의 명성과 모델은 겐트시를 넘어 브뤼헤와 메넌 등 네덜란드어권뿐 아니라 리에쥬와 브뤼셀 등 불어권의 여러 도시로도 퍼져나갔다. 이들 협동조합은 보뤠트를 따라 사회주의자들의 협동조합을 표방했으며, 그들이 1885년에 세운 노동당의 깃발을 꽂아두었다. 이러한 성공에 위협과 우려를 느낀 겐트의 가톨릭 성직자들은 사회주의의 요새인 보뤠트를 무너뜨릴 계획을 세웠다. 그리하여 지역의 자본가들과 협력하여 15만 프랑의 자본금을 모아 1887년에 '공익^{Het} Volksbelang'이라는 빵집협동조합을 설립했다. 공익협동조합의 실질적인 설립자인 자본가들은 자신이 고용한 노동자들 중 보뤠트의 조합원인 노동자들에게 보뤠트를 탈퇴하고 공익협동조합에 가입하지 않으면 해고할 것이라고 협박까지 했다. 이렇게 공익협동조합은 성직자들과 결탁한 자본가들의 공장 노동자들과 고위공직자들, 지역 상인 및 유지들로 구성되었다. 그러나 공익협동조합에 가입한 노동자 조합원들은 경영 참여나 이사회 참여도 불가능했고, 조합원들에 의한 민주적 통제는 무시되었다. 여기에 성직자들까지 가세하여 선전공세를 퍼부었으나 보뤠트의 조합원 노동자들 일부만이 탈퇴했을 뿐 다수는 남아있었다. 1887년에 2,400명이었는데 경쟁 협동조합의 설립 후 잠시 2,200명으로 줄었다가 다시 지속적으로 증가하여 1889년에는 3,750명에 이를 정도로 회복했다.

공익협동조합은 보뤠트를 무너뜨리기 위해 세 가지 운영 전략을 세웠다.

첫째, 보뤠트보다 싸게 판다.

둘째, 빵 구매 쿠폰은 조합원 집으로 배달해준다(보뤠트는 조합원들이 직접 사무실로 받으러 와야 한다).

셋째, 이익은 현금으로 배당한다(보뤠트는 쿠폰으로 주어 보뤠트가 운영하는 가게에서 이용하도록 한다).

이렇게 공익협동조합은 사람들의 환심을 사기 위하여 보뤠트와 비교하여 더 나은 혜택을 제공하는 협동조합이라는 전략으로 도전장을 던졌다. 하지만 협동조합이 사회개혁과 발전에 기여하기보다는 사람들의 이기적인 감정을 불러일으키는 것을 본 보뤠트의 조합원 노동자들은 작은 떡고물에 넘어가지 않고 오히려 사회주의자들의 협동조합이 지닌 특성과 장점을 강조하며 대처했다. 그리고 자신들이 소유한 신문과 유인물을 통하여 선전을 강화했고, 각종 모임과 집회를 열어 공익협동조합의 계략과 비민주적인 운영을 알리며 대응해나갔다. 공익협동조합은 기독교 협동조합이라는 이미지를 가지고 출발하여 겉으로는 조합원들의 편익을 위하는 척했지만 뒤로는 자본가들을 움직여 보뤠트의 조합원 노동자들을 회유하고 협박하는 비도덕적인 행태를 보임으로써 도덕적 영향력과 정치적 힘도 점차 상실하는 결과를 초래했다.

보뤠트의 운영원칙과 자율성

보뤠트는 1881년 설립 후 멈출 줄 모르고 성장했다. 이에 대해 누군가는 핵심 리더인 앙셀이 자본가들보다 더 독하게 사회주의자 노동자 부대를 동원하여 밤이고 낮이고 일을 시킨 결과라고 비판하기도 한다. 하지만 협동조합이 노동자들을 착취한다고 성공하리라는 보장은 없다. 게다가 핵심 조합원들은 각성한 노동자들이었는데 무력하게 자신의 노동력을 착취당하고 있었겠는가? 반대로 앙셀은 아주 실용적이고도 카리스마 넘치는 경영자였고, 이에 더하여 보뤠트는 목적한 바를 이루기 위해 스스로 정립한 운영원칙을 철저히 지키는 자율성을 발휘함으로써 오히려 외부의 방해에도 흔들리지 않는 협동의 힘을 발휘할 수 있었다. 그들은 어떤 운영원칙을 가졌을까?

①가입:조합원들을 이념에 따라 배척하지 않으므로, 방문하여 신청서를 작성하고 25상팀의 출자금을 내면 누구나 가입할 수 있다.

②이용:1주 또는 여러 주 동안의 빵과 석탄 구입을 위한 쿠폰을 선불로 구매하면 보뤠트의 배송담당 노동자들이 가정으로 배송한다.

③이익 배당과 분배:6개월마다 한 번씩 하며, 1인당 배당금액에서 1프랑을 공제하여 기금으로 적립한다. 빵 수익금은 3개월마다 한 번, 다른 제품은 해마다 한 번 분배한다.

④돌봄:60세 이하의 불치병이 없는 조합원들은 보험공제조합에 의무 가입해야 하며, 매주 5상팀의 조합비를 내야 한다. 가입 6개월부터 환자는 6주간 의료 돌봄과 약국을 이용할 수 있으며, 또한 6주간 매주 6Kg의 빵을 받을 수 있다.

⑤조합원 혜택:무료로 방대한 장서가 구비된 도서관을 매일 이용할 수 있고 대출도 가능하다.

⑥조합원 노동 : 45명의 조합원이 매주 일요일 아침 빵과 석탄 쿠폰을 조합원 가정에 배달한다.

⑦조합원에 의한 민주적 통제:3개월마다 총회를 개최하며, 참석은 의무이고 불참자는 25상팀의 벌금을 내야 한다. 총회에서는 조합원 중 기록을 통제할 사람을 뽑고(거부하면 1프랑의 벌금 부과), 이 통제담당자는 다음 총회에서 전차 총회 기록을 확인한 결과보고서를 제출해야 한다.

⑧자기책임:계산원부터 배송담당 노동자들까지 모든 노동자들은 자신의 노동에 대한 책임을 져야 한다. 노동자들 중 이사가 되기 위해서는 자신이 속한 부문 노동조합의 조합원이 되어야 하며, 1년 이상의 '저항금고'의 회원 자격을 가져야 한다. 노동조합 가입이 어려울 경우 겐트 시 사회주의 선전클럽의 회원이어야 한다.

⑨대의원 경영보고회:6개월에 한 번 대의원대회를 개최하며, 이때 이사회 구성원 및 직원 리스트를 공개한다. 또한 각 조합원 당 구매총액을 공개하고, 이용실적이 현저히 낮은 조합원은 징계하여 이후 모범을 보여야 한다는 벌을 부과한다.

⑩대의원의 책임:대의원 5명은 공증인 앞에서 대의원회의 공식문서에 서명하고, 대의원총회에서 사전에 읽고

채택해야 한다. 중요한 구매는 대의원대회 또는 이사회에서 결정하며, 대의원들의 위원회는 매주 소집하고, 경영책임자는 회의 시작 때 지난 주 활동보고를 해야 한다. 대의원만이 고용인의 채용과 해고, 임금과 업무분장을 결정할 수 있다. 이때 이해당사자들은 참석하여 토론에도 참여하고, 모든 조합원들도 대의원대회에 참석하고 제안도 가능하나 투표권은 행사할 수 없다.

정치적인 협동조합, 협동조합의 이념

어느 누구도 보뤠트의 성과에 대해 부인하지 못하겠지만 그 운영방식에 대한 평가는 엇갈린다. 사회주의자들의 협동조합임과 노동당 간판을 전면에 내세운 협동조합, 하지만 당의 지시나 명령을 일방적으로 따르기보다는 오히려 사회주의자들이 얼마나 협동조합을 잘 하는지 보여주고, 머나먼 노동해방의 이상을 내세워 지금을 희생하지 않고 당장의 노동자들의 생활문제를 개선했던 실용주의적인 경영전략. 이뿐 아니라 그동안 협동조합의 존재를 부인하고 무시했던 사회주의자들에게 협동조합이 얼마나 중요하고 필요한지 각인시키며 정열적으로 활동했던 조합원들. 그러하기에 보뤠트는 단지 사회주의자들의 협동조합으로서만이 아니라 19세기 하반기와 20세기 초까지 벨기에 협동조합운동을 이끈 주역이 되었다. 또한 그 핵심 리더인 앙셀은 이념이 다른 열성 협동조합 운동가들과도 교류하며 협동조합의 영향력 확대에 기여하기도 했다.

당시 벨기에 노동당 리더인 반더벨데Emile Vandervelde(1866~1938)는 보뤠트가 '당의 젖소'라고 공공연히 말하곤 했다. 왜냐하면 보뤠트의 인쇄소 덕분에 턱없이 낮은 가격에 당의 기관지를 만들어 배포할 수 있었으며, 사업소 공간에서 당과 노동조합의 모임을 할 수 있었고, 상근자들의 임금에도 기여했기 때문이다. 하지만 이 모든 활동은 보뤠트의 의지였다. 특히 1885년에 미성년 탄광노동자들의 파업이 일어났을 때 보뤠트는 그들을 위해 10톤의 빵을 배달하여 반대세력까지도 놀라게 했으며, 세계적으로도 주목을 받았다.[*] 파업 지원은 보뤠트로서는 당연한 일이었다. 앙셀은 자신의 꿈이 "감자와 빵을 날려 자본주의 사회를 무너뜨리기 위한 요새를 세우는 것"이라고 수도 없이 말했다고 한다.

보뤠트가 비판의 도마에 오르는 주된 지점은 협동조합을 그 자체로 목적으로 보지 않고 수단으로 삼았다는 점이다. 즉 협동조합 '도구화'의 위험을 안고 있다는 뜻이다. 그런데 보뤠트에게 이러한 비판을 적용할 수 있을까? 이러한 비판이

---

[*] Julien Dohet, 'Le mouvement coopératif : Histoire, Questions Renouveau', Crisp 2018/5 N° 2370-2371, p. 21~22.

적용되려면 보뤠트의 목적이 사회주의자들을 양성하기 위한 것이고, 그러기에 노동자들은 협동조합에 대한 필요와 열망이 없는데도 당이나 사회주의운동 조직 같은 상부 조직에서 협동조합을 설립하라는 명령이나 지시를 받아서 만들고 (자발적 결사의 문제), 협동조합의 운영을 그 상부 조직이 결정하여 따라야 하고, 협동조합의 임금노동자 채용이나 해고, 이사회 구성 등을 상부 조직이 결정하고(조합원에 의한 민주적 통제의 문제), 수익금의 분배와 사업의 기획 및 실행을 스스로 판단하고 결정하지 않고 상부 조직의 목적 실현에 종속시키는 경우 (운영의 자율성 문제) 등의 요건이 충족되어야 한다. 하지만 보뤠트는 어떤 외부 조직이나 상부 조직의 입김이 작용하지 않았고 설립 조합원들이 스스로 판단하고 결정하여 설립했으며, 대의원대회와 이사회에서 인사관리와 업무분장을 결정했다. 사업 모델 또한 노동자들의 생계를 위협하는 비싼 빵값의 문제를 해결하기 위하여 빵가게를 열고, 약국과 식료품 가게로 확장해가는 사업 모델을 수립하고 추진했다. 잉여의 사용에서도 전액을 당이나 사회주의 조직에 갖다 바치지 않고 조합원들에게 분배하고 그 중 일부를 기금으로 적립한다는 원칙을 세웠다. 그리고 가게가 문을 여는 낮에는 협동조합 일을 하고 저녁에 모여서는 자신들의 정치적 지향을 실현하는 활동을 했다. 이러한 점에서 볼 때 보뤠트는 엄밀히 말하면 설립한 조합원들의 자발적인 결정으로 '사회주의자들의 협동조합 모델'을 만든 것이지 협동조합 자체가 다른 힘 있고 권한 있는 조직에게 통제받고 종속된 것은 아니었다고 할 수 있다. 이러한 비판은 오히려 보뤠트를 무너뜨리기 위해 자본가들을 움직여 똑같은 빵가게를 만들어 경쟁한 공익협동조합에 적용되어야 할 것이다. 그들은 노동자들과 가난한 사람들의 생활조건을 향상하기 위해서가 아니라 경쟁하기 위해 싼 가격에 빵을 제공했다. 그리고 조합의 운영에는 노동자 조합원들을 배제한 반면 성직자들의 뜻을 따르는 지역의 유지들이 경영을 좌지우지하면서 조합원에 의한 민주적 통제의 원칙을 훼손했다.

두 번째 쟁점은 현재 협동조합 제1원칙이 된 '자발적이고 개방적인 조합원 제도'에 관한 문제이다. 그런데 위의 운영원칙 ①에서 보듯 보뤠트는 어떤 조합원도 정치적 성향에 따라 배제하지 않았다. 다만 ⑧에서 보듯 이사가 되려면 노동조합 가입이나 사회주의자로서의 요건을 갖추어야 한다는 조건을 부과한 점에서 협동조합의 운영을 책임질 능력에 대한 판단과 다소 무관하다고 볼 수 있다. 하지만 그 조합의 주요한 목적 중 하나가 사회주의자들을 양성하는 것이기에 그러한 자질을 갖춘 책임자로 구성하기 위한 방책이었음을 감안한다면 이해되는 측면도 있다. 비견한 예로 예컨대 현재 한국에서 여성주의를 표방하는 협동조합이 있다. 그 조합에서 이사의 조건으로 여성주의 관점을 가져야 하고, 관련 교육을 이

수한 사람이어야 한다는 원칙을 정할 때 문제가 될까? 그 조직에서 가부장적이고 권위주의적인 발언이나 행동을 하는 사람 혹은 그러한 성향을 가진 조직활동을 하는 사람에게 이사의 자격을 부여할 수 있을까? 또 다른 예로 종교의 문제를 들어보자. 기독교 신앙에 기반하여 만든 단체에 소속된 사람들이 모여 설립한 협동조합에서 기독교적 우애를 실천하는 사람들을 양성하는 것을 주요 목적 중 하나로 두고, 그래서 기독교 신앙생활자를 이사의 자격 요건에 두는 것이 문제가 될까?

만약 이 두 조합에서 일반 조합원들을 여성주의자들이나 기독교인들만을 받는다면 이는 정치 소속, 이념, 종교, 성별, 학벌 등을 이유로 차별한다고 비판할 수 있을 것이다. 왜냐하면 협동조합의 조합원 자격은 그 사람이 가진 믿음이나 배경 등이 아니라 그 협동조합의 목적과 운영원칙에 동의하고, 그에 따른 책임과 의무를 다하겠다는 사람에게 주어지는 것이기 때문이다. 이것은 협동의 전제이다.

이런 측면에서 볼 때 보뤠트의 이사 자격과 관련한 문제는 자발적이고 개방적인 조합원 제도라는 원칙을 어긴다고 보기에는 무리가 있다. 해당 협동조합이 중요하게 생각하는 가치를 지키는 역할을 하는 이사의 기본적인 자격요건에 어떠한 사상이나 철학, 혹은 가치체계를 요구하는 것은 끼리끼리의 협동조합을 만들거나 차별적인 문화를 만드는 것과는 다른 결의 문제이기 때문이다.

우리가 협동조합의 역사를 탐구하며 특별히 보뤠트의 사례를 다루어야 할 필요성이 여기에 있다. 협동조합의 가치와 원칙은 선구자들의 사상과 실천을 연구하고, 그것을 해석하고 토론하는 과정을 통해 만들어진 것이다. 그러하니 지금 우리가 알고 있는 정의와 가치, 원칙을 제대로 이해하고 올바로 적용하기 위해서는 그것이 만들어진 시대의 상황을 면밀히 조사하고 분석하는 노력이 수반되어야 할 것이다. 다음 장에서 다룰 ICA의 탄생 또한 이러한 관점에서 접근할 때 살아있는 역사, 지금의 우리에게 의미가 있는 역사로 기억될 것이라 생각된다.

4장

1895년, 국제협동조합연맹의 창설
협동조합이라는 신인류

　서두에서 이 책은 협동조합을 운동, 부문, 조직으로 구분하여 다룬다고 했다. 그런 의미에서 이 장에서 다룰 국제협동조합연맹인 ICA의 창설은 국제적인 차원에서 본격적인 협동조합운동의 시작을 알리는 사건이라고 할 수 있다. 하지만 앞서 보았듯 협동조합의 선구자들부터 시작해서 협동조합의 대중화와 확산에 기여한 이들을 보면 그 동기와 목적이 아주 다양하다는 것을 알 수 있다. 실제 1895년 8월에 영국에서 개최된 제1차 총회 당시 주요 참여조직은 농업, 소비, 신용대출, 생산 분야의 농업협동조합, 소비협동조합, 신용협동조합과 노동자생산협동조합이었다. 그렇다 하더라도 ICA의 창설에 토대가 된 것은 '로치데일 공적개척자회'의 전파임을 부인하기 어려울 것이다. 왜냐하면 ICA의 설립을 제안하고 추진하는 데 주축이 된 이들은 어떤 식으로든 로치데일을 만든 이들과 그것에 영향을 받은 사람들이었기 때문이다. 그래서 ICA 초기에는 영국 출신들이 압도적으로 많았으며 큰 영향력을 미쳤다고 한다(Richez-Battesti et Defourny, 2017).

영국이 산업혁명(1763년)의 나라라면 프랑스는 공화국을 만든 사회혁명(1789년)의 나라이다. 또한 영국이 소비자협동조합을 시작하고 꽃피웠던 나라라면, 비슷한 시기 프랑스는 노동자협동조합을 시작하여 확산시킨 나라다. 영국에 로버트 오언이 있었다면 프랑스에는 생시몽과 푸리에가 있었다. 이들은 모두 사회적경제 역사에서 동일한 학파인 결사체사회주의자들로 구분된다. 그러니까 결사체association 이념으로 사회를 재조직하려는 대안사회와 대안경제 운동의 선구자인 셈이다.

드라프리(Draperi, 2012)에 따르면 이미 1835부터 영국과 프랑스에서 세 차례나 ICA를 설립하려는 시도가 있었지만 좌절되었다고 한다. 그러던 중 영국과 프랑스를 오가며 두 나라 협동조합운동 간의 협동을 촉진했던 드부아브Edouard De Boyve (1840~1923)의 역할로 마침내 20세기를 목전에 두고 국제 사회에 협동조합운동을 알리는 ICA가 설립된 것이다. 그런데 어떻게 수도 파리가 아닌 남불의 님므Nimes에 살았던 그가 국제 협동조합운동 조직의 산파 역할을 할 수 있었을까?

1. ICA 설립 촉진자 에두아르 드부아브와 님므학파의 탄생

파리에서 태어난 드부아브는 스위스로 이민 간 개신교 위그노파의 후손이다. 그의 어머니가 영국인이어서 드부아브는 영어를 모국어로 사용했고, 일찍이 영국과도 자주 교류하며 로치데일 공정개척자 또한 익히 알고 있었던 터이다. 개신교 신자로서 기독교 사회교리 전파에 충실하던 그의 인생은 결혼과 더불어 1872년부터 님므에 정착하면서 제2의 인생을 살게 된다.

사실 드부아브는 기독교의 자선만으로는 어려운 노동자들의 삶의 조건을 근본적으로 개선하는 데 한계가 있다고 느끼고 있었다. 그러던 차에 영국의 오언과 로치데일 공정개척자회 소식을 접한 후 협동조합이 노동자들의 물질적, 정신적 조건을 개선할 수 있다고 여겼다. 그러던 중 님므에서 평생 길동무가 된 파브르Auguste Fabre(1833~1922)를 만나면서 본격적으로 협동조합운동을 시작하게 된다. 파브르의 아버지는 푸리에를 따르던 목사였고, 아버지의 영향을 받은 파브르는 견직공장을 운영한 후 역시 푸리에주의자였던 고댕의 파밀리스테르에서 상점을 운영한 경력을 가진 이다. 그 또한 1870년에 님므에 정착하여 푸리에의 영향을 받은 민중교육 조직인 '샹브레Chambree'를 설립한다. 거기서 드부아브와 파브르의 만남이 이루어졌고, 둘은 이후 님므에서 소비자협동조합과 빵집협동조합을 만들며 협동조합운동의 리더로서 자리잡아 갔다. 특히 드부아브는 협동조합운동과 민중교육에 뜻을 두어 자신의 시간과 돈과 재산을 바쳐 열성적으로 활동했다. 1884년에는 '민중경제회Société d'économie populaire'를 만들어 지식인과 노동자들이 서로 교류하며 협력할 수 있도록 하고 장차 민중대학으로 발전시킬 계획까지 수립할 정도였다.

그런데 파브르와 드부아브의 지향점은 조금 달랐다. 파브르는 노동자들을 위한 협동조합을 지향했으나 드부아브는 모두에게 개방된 협동조합을 원했다. 하지만 그 둘의 협동관계는 지속되었고, 드부아브에게 영국 협동조합연맹Cooperative union의 사무총장인 기독교사회주의자 반시타트 닐Edward Vansittart Neale(1810~1892)*을 소개해 준 것도 파브르였다. 파브르와 드부아브는 님므에서의 활동에 머물지 않고 소비협동조합연합회와 프랑스 협동조합연합회를 구축하는 데도 크게 기여했다. 그리하여 1885년에 파리에서 프랑스 협동조합연합회가 설립되어 제1차 대회를 개최했는데 드부아브가 감사직을 맡았다. 이때 영국 대표단으로 닐과 로치데일 공정개척자 책을 써서 널리 알린 홀리요크George Jacob Holyoake(1817~1906)도 참석했으니 아마 이때가 미래 ICA 주역들의 공식적인 첫 회동이

---

* 반시타트 닐은 1873~1891년까지 영국 협동조합연맹의 사무총장직을 수행했다.

아니었을까 짐작된다. 게다가 영국과 프랑스의 두 주역의 이름이 에드워드와 에두아르로 같은 기원을 가지니 이 또한 운명적인 만남이 아니었을까. 이들이 만난 이듬해인 1886년에 플리머스^{Plymouth}에서 개최된 영국의 협동조합대회에서 드부아브는 ICA 설립을 공식적으로 제안한다.

그런데 드부아브의 협동조합 인생에서 파브르와의 만남도 커다란 의미가 있지만 더욱 운명적인 만남은 바로 이 무렵에 이루어진다. 다름 아닌 전도유망한 학자 샤를르 지드 (1847~1932)와의 만남이다. 당시 몽펠리에대학 교수에 재직하던 지드는 지배적인 정치경제학에 비판적이었다. 이미 박사학위 논문을 '종교에서 결사의 권리'에 대해 썼던 지드는 먼저 드부아브에게 손을 내밀어 도움을 주겠다고 제안한다. 이미 학자로서 명성이 자자했던 지드와의 만남은 드부아브에게 날개를 달아준 셈이다.* 비교적 늦깎이로 협동조합계에 입문했지만 마치 혜성처럼 등장한 지드의 존재는 이후 프랑스 협동조합운동뿐 아니라 유럽 협동조합운동에도 큰 역할을 하게 된다.

파브르와 드부아브, 그리고 지드의 결합은 님므학파^{École de Nîmes}라는, 역사상 유래 없는 지역 차원 학파의 탄생을 알렸

---

* 지드는 1884년에 《정치경제학의 원칙*Principes d'économie politique*》을 발간했고, 1889년에 대폭 수정하여 2쇄를 발간했다. 이 책은 1884년에서 1931년까지 총 26쇄가 발간되었고, 19개 언어로 번역되었다.

고, 그들이 표방한 사회기독교주의social christianism에 따른 협동조합운동의 이론과 프로그램은 이후 프랑스 협동조합운동에 큰 영향을 미쳤다. 나아가 이들의 시너지 효과는 ICA라는 아이디어에 피와 살과 영혼을 불어넣을 정도로 결정적인 역할을 하게 된다. 숨 가쁘게 진행된 그 역사를 거슬러 가자면 또 한 권의 책이 나올 정도이나 여기서는 압축하여 간단히 소개하도록 한다.

우선 파브르와 드부아브는 1884년에 협동조합 운동가들을 중심으로 경제와 사회에 대해 교육하기 위한 '민중경제회'를 설립한다. 이 회는 노동자와 부르주아를 불문하고 모든 계층에게 개방하여 서로 도우며 협동을 배우고 실천함으로써 사회 평화에 기여하려는 목적을 가진다(드부아브, 1889). 드부아브와 파브르는 민중경제회가 성인을 위한 진정한 협동의 학교가 되기를 바랐다. 그리하여 교수나 전문가가 가르치고 노동자들이 배우는 그런 곳이 아니라 회원들이 서로 배우고 가르치는 평등한 관계가 되어 운영될 수 있도록 설계했다. 민중경제회는 님므를 중심으로 한 협동조합운동의 중요한 흐름으로 자리 잡았고, 이 회의 정신은 이후 프랑스 협동조합운동의 정신으로 발전한다. 하지만 민중경제회의 정신에 이론적 토대를 제공하여 님므학파로 자리잡는 데 지대한 기여를 한 사람은 나중에 결합한 지드다. 드부아브와 파브르가 초안을 잡았다면 지드는 그 정신이 탄탄한 이론적 토대에 입각하여 살아있는 실천이 되도록 일련의 프로그램을 구성한다. 그로 인하여 민중경제회는 협동조합운동 '학파'의 반열에 오르게 되고, 사상적으로는 '사회기독교주의'의 상징이 된다. 지드가 드부아브의 열망에 날개를 달아준 것이라고도 볼 수 있다. 왜냐하면 열정적인 드부아브의 기획과 노력이 더 많은 사람들에게 다가갈 수 있도록 해준 것이 지드였기 때문이다.

예컨대 드부아브는 민중경제회에 더하여 이들의 기관지라고 할 수 있는 신문형식의 잡지 '해방Emancipation'을 창간했다. 이 잡지 창간호에 지드는 '반항세력도 불만세력도 아닌Ni révoltes, ni insatisfaits*'이라는 제목으로 일종의 님므학파 선언문을 발표했다. 이렇게 님므학파의 대표적인 이론가가 된 지드는 이후 이 잡지에 800편이 넘는 글을 꾸준히 발표했고, 드부아브의 사후에 자신이 편집장을 맡기도 했다. 그리고 드부아브가 프랑스 협동조합운동의 연합체를 구축하는 데 열정적으로 헌신했다면 지드는 그 연합회의 전국대회에서 기조강연을 하고 명예회장직을 수행하기도 했다.

---

* 반항세력이란 노동해방을 위하여 국가 권력을 장악하려는 혁명적 사회주의자들을 뜻하고, 불만세력이란 자신의 조건에 만족하지 못하고 더 많은 것을 취하려고 노동자들을 착취하고 다른 나라를 침략해서 전쟁을 일으키는 부르주아 자유주의자들을 뜻한다. 지드를 비롯한 님므학파는 이 두 경향이 다 사회를 파멸로 이끌어 사회 평화와 민중의 삶의 조건 개선에 도움이 되지 않는다고 생각했다. 그리하여 파괴적이지 않은 '다른 길', 공멸의 길이 아닌 공존의 길로 가자고 제안하며, 협동조합을 통하여 평화적인 방법으로 사회 변혁과 민중의 삶의 조건을 개선하고자 했다. 이런 측면에서 민중 교육이 중요하며, 협동조합이 평화를 실천하는 장이 될 것이라 믿었다.

에두아르 드부아브가 발간한 '해방'지 1895년 9월 15일자 표지

해방지는 항상 ICA 설립 준비 과정을 소개했고, 9월 15일자에는 8월 19일~23일에 개최된 ICA 설립총회 및 각 세션별 논의 주제와 결과에 대해 상세히 보고하는 특집 기사를 실었다.

출처:프랑스국립도서관(BNF) https://gallica.bnf.fr/

이렇게 셋의 만남, 특히 드부아브와 지드의 만남은 님므학파 탄생에 그치지 않고, 프랑스 협동조합의 연합체 구성과 나아가 영국과 프랑스의 협동에 기반하여 국제적인 협동조합운동을 위한 ICA 설립을 성사시키는 인연으로 진화한 것이다.

2. 세계 평화를 위한 국제협동조합연맹을 만들어야겠다는 강한 의지

보통 우리가 지나간 역사를 접할 때 언제 무슨 일이 있었다는 사실만 확인할 뿐, 누가 무엇 때문에 그렇게 했는지 질문하는 경우는 드물다. 하지만 어떤 역사도 그냥 만들어지는 것은 아니기에 '왜?'라는 질문을 함으로써 그 역사에 담긴 의미를 제대로 해석하고, 그 역사가 지금의 우리에게 주는 메시지를 파악하는 데 도움이 될 것이라 생각한다. 그런 의미에서 3장은 ICA 설립이 가능할 수 있었던 협동조합 조직의 발전 상황을 살펴보았던 것이라면, 이 장에서는 그러한 발전에 기반하여 어떤 협동조합운동을 하고자 했던가 하는 관점에서 ICA 설립의 의미를 살펴보고자 한다.

앞서 말했듯이 ICA라는 국제적인 협동조합들의 연맹을 만들려는 생각은 이미 1835년부터 있었고, 1867년과 1869년까지 세 차례에 걸쳐 시도했으나 좌절되었다. 특히 1867년에는 프랑스 파리에서 개최된 만국박람회 동안 국제 협동조합인들의 대회를 조직하기 위한 위원회가 꾸려졌으나 프랑스 정부의 반대로 모임이 무산되기도 했다. 마지막 시도는 1869년 영국 런던에서 개최된 유럽 협동조합대회에서 제안되었으나 의견일치를 보지 못했다. 참고로 영국은 1869년에 이미 협동조합 전국조직이 구축되어 1차 전국대회congress를 개최한 바 있다.*

---

* 영국은 1869년에 '협동조합 중앙사무국(cooperative central bureau)'이라는 이름으로 전국조직을 구축한 후 협동조합연맹으로 명칭을 바꾸었다. 지드에 따르면 설립 당시 참여 조직은 약 30개였다고 한다. 하지만 1830년부터 이미 오언주의자대회라는 이름으로 일종의 협동조합 전국대회를 맨체스터에서 개최한 것으로 보아 오언주의에 기반한 협동조합 운동가들이 전국조직 설립의 주축이 되었을 것으로 판단된다. 반면 홀리요크(1875)에 따르면 그 시작은 1827년으로 맨체스터에서 개최되었으며 오언도 참석했다고 한다. 현재 명칭은 영국협동조합연합이며, 맨체스터시의 홀리요크하우스에 본부를 두고 있다.

이렇듯 세 번의 좌절을 겪은 까닭은 아직 각국 협동조합 운동의 구심점이 등장하지 않은 조직화의 문제일 수도 있다. 하지만 협동조합운동이 드부아브라는 열정적인 인물이 나타나길 기다렸다는 듯이 그가 칼을 빼들자마자 만사는 일사천리로 진행되었다. 그만큼 상대적으로 짧은 시간 안에 이루어졌는데, 그렇다고 요행이 따랐다는 뜻은 아니다. 그는 아주 체계적이고 성실히 자신의 계획을 추진해나갔다.

　영국 협동조합운동의 상황을 잘 알고 특히 그 리더들과 교류하고 있던 드부아브는 영국에 이미 협동조합 전국연합조직이 건설되어 있다는 것을 알았다. 그래서 몇 개가 있는지, 어디서 어떤 활동을 하는지 모를 정도로 각기 흩어져 공동의 프로그램도 없이 활동하던 프랑스 협동조합운동도 영국처럼 전국연합조직을 건설해야겠다고 마음먹고 준비를 시작했다. 먼저 님므에서 파브르와 함께 설립한 세 협동조합인 교육협동조합 '연대La Solidarité', 작은 규모의 빵집소비자협동조합 '르네상스La Renaissance', 그리고 더 큰 규모의 소비협동조합인 '님므의 벌L'Abeille nimoise'의 대표단을 소집했다. 대표단은 프랑스 협동조합 전국연합을 설립하기 위하여 먼저 님므의 협동조합들이 총대를 메자는 드부아브의 요청에 응답했다. 위원회는 총회에서 전국연합회가 단지 논의만 하는 조직이 아니라 사업 측면에서도 협동의 규모를 확장하는 실용적인 방안을 제안했다. 그리하여 첫째, 공동구매를 함으로써 생산자들

을 조직하는 집행 단위를 마련하고, 둘째, 전국연합이 구축될
수 있도록 준비하는 자문단을 구성하고, 셋째, 협동조합운동
을 홍보하는 신문을 발간하자는 세 가지 제안을 담아 전국의
조직에게 보냈다. 그때가 1885년이었는데, 전국적인 상황
이 전혀 파악되어 있지 않았으니 쉽지는 않았다. 하지만 각
지역 시청이나 관공서에 홍보를 요청하고, 이미 알고 있었던
조직에게 부탁하며 제안서가 널리 퍼지도록 했다. 그렇게 맨
땅에 헤딩하듯 시작한 일은 의외의 성과를 보았다. 대략 300
여 개의 협동조합이 있다는 것을 알게 되었고, 그 중 92개가
참여하겠다는 응답을 보내왔다. 그리하여 1885년 7월 27일,
수도 파리에서 제1차 전국 소비협동조합대회가 개최되었는
데 가입 의사를 밝힌 92개 조직 중 85개 조직이 참여했다.
이때 영국의 대표로 반시타트 닐과 홀리요크도 참석하면서
영불합작품인 ICA 설립의 서막이 오른다.

비록 소비협동조합 전국연합이긴 하지만 최초의 전국조직
을 설립했으니 대외적으로 프랑스를 대표하는 조직의 자격
은 갖춘 셈이다. 프랑스 소비협동조합 전국연합회는 그 자리
에서 세 가지 중요한 사항을 결정했는데 대부분 님므위원회
의 제안대로 되었다. 첫째, 매년 전국대회를 개최하고, 둘째,
자문위원회를 구성하여 전국대회 전까지 공동의 자치기구를
마련하며, 셋째, 사업위원회를 구성하여 공동구매를 해서 소
비협동조합들에게 분배하는 역할을 담당하는 것이다.

드부아브가 만든 소비협동조합 '님므의 벌과 연대' 판매상점
출처: CEDIAS(http://www.cedias.org/)

이때부터 드부아브와 지드 커플이 본격적으로 대활약한
다. 드부아브는 프랑스 협동조합의 외교관이 되어 1886년
영국 플리머스에서 개최된 영국 협동조합 전국대회에 참석
했다. 거기서 드부아브는 국제 협동조합운동 조직의 설립을
제안했지만 안타깝게도 그 제안은 받아들여지지 않았다. 영
국 측에서 볼 때 프랑스의 입장이 분명해보이지 않았기 때문
이다. 이에 굴하지 않고 드부아브는 1886년에 소비협동조합
전국연합을 프랑스 협동조합전국연합회Union coopérative로 확대
하여 재조직하는 데 성공하여 리용Lyon에서 전국대회를 개최
했다. 드부아브는 이 조직의 감사를 맡았고 지드는 명예회장
으로서 이 대회의 기조강연을 맡으며 협동조합운동의 발전

프로그램을 제시했다. 이후 지드는 1889년 4차 대회에서 자신의 프로그램을 최종 확정하여 발표했다.

리용대회에서는 국제 협동조합운동을 위한 조직 건설을 확실히 결정했을 뿐 아니라 드부아브에게 ICA 설립 제안을 공식적으로 하도록 임무를 맡겼다. 그리하여 한 번 퇴짜를 맞았던 드부아브는 이듬해인 1887년 영국 칼라일에서 개최된 영국 대회에서 자신 있게 ICA 설립을 제안했고, 그의 제안에 영국 전국연합회뿐 아니라 비가노를 비롯하여 그 자리에 참석했던 이탈리아 대표단까지 동의하여 영국, 프랑스, 이탈리아 세 나라의 협동조합연합회가 중심이 되어 ICA를 설립하기로 결정했다.

다른 한편, ICA 설립자들이 뜻을 함께할 수 있었던 것은 협동조합의 조직적 측면에서도 꼭 필요하다는 인식이 있었기 때문이라 할 수 있다. 우선 영국과 프랑스의 협동조합 대회에서 프랑스 리더들은 영국의 소비협동조합에서 배워야 한다고 했고, 영국 리더들은 프랑스의 노동자생산협동조합을 부러워한다고 표현했다. 그러니 양국 협동조합의 교류를 통하여 서로 배울 필요성을 느꼈던 것이다. 이에 더하여 영국에서 앞서간 협동조합 전국연합조직의 구축이 프랑스와 이탈리아 협동조합운동 연합조직 구축에 자극이 되었다. 그래서 세 나라의 협동조합 리더들은 상호 교류와 지원을 통하여 연합회 구축에 힘을 실어줄 수 있었다. 이런 측면에서 볼 때 ICA 설립이라는 목적을 이룰 수 있었던 데는 세 국가 리더들의 친밀함과 통합력이 강하게 작용했음을 알 수 있다.

3. 이념 갈등을 넘어 평화를 위한 협동조합운동의 탄생

드부아브를 비롯한 지드와 파브르의 님므 삼총사들, 그리고 영국의 반시타트 닐과 이탈리아의 비가노 등 협동조합운동 리더들은 왜 그토록 ICA 설립을 추구했던 것일까? 어쩌면 국제 협동조합운동의 연맹을 만들기 위해 각국 차원의 연합회를 건설했다고 할 정도로 그들에게 국제 협동조합운동의 연대조직은 그만큼 절실한 과제였다고 할 수 있다. 다행히도 그들의 동기를 알 수 있는 문서를 찾을 수 있었고, 그 문서를 보면 ICA를 설립한 동기를 파악할 수 있다. 협동조합은 사람들의 결사체이기에 그들이 만든 국제 조직은 협동조합운동의 정체성을 파악할 수 있는 중요한 단서가 된다. 비록 그것이 ICA를 시작할 때의 마음이었을지라도 초심이 무엇이었는지 아는 것은 중요하다. 왜냐하면 1995년에 공식적으로 선포된 '협동조합의 정체성'에서 가치 부분의 두 번째 문장은 "창건자들의 전통을 계승하여 협동조합인들은~"으로 시작하기 때문이다. 그러니 21세기를 살아가는 지금의 협동조합인들이 계승해야 할 창건자들의 전통은 ICA의 설립 동기와 목적이라고 할 수 있다.

문제의 그 문서는 드부아브가 1887년 영국 대회에서 공식적으로 ICA 설립을 제안한 후 작성한 보고서이다. 이 보고서에 따르면 ICA 설립의 핵심 멤버들은 당시 좌파와 우파의 이념 대립이 격화되는 정세에 대해 심각한 우려를 표명하며 모든 사회 문제를 점진적이고 평화적인 방법으로 해결하고자 했다. 이를 위해 ICA를 통해 협동조합이 계급과 신앙, 인종의 차별을 두지 않고 모든 사람을 위한 결사체임을 보여주기를 원했다. 이런 까닭에 이탈리아의 비가노를 포함하여 이들은 ICA의 성격을 '평화와 중재의 국제협동조합연합Fédération internationale des Sociétés de la paix et de l'arbitrage'으로 표현했다. 또한 이들이 ICA의 설립에 동의할 뿐 아니라 서둘렀던 까닭은 사회 불안과 국제 분쟁의 기운이 가중되었기 때문이다. 드부아브는 "이 결사체(ICA를 의미)의 설립이 나날이 긴급해지고 있다. 세상이 위기로 치닫고 있으며, 그 위기는 각 나라에서도 감지된다. 만약 이를 경계하지 않으면 세상이 뒤집어질 것이다"며 당시의 긴박한 상황을 표현했다. 그의 우려는 20세기 초에 제1차 세계대전으로 현실화되었지만 협동조합운동의 리

---

* 에두아르 드부아브(1889), '칼라일 대회 님므 대표 드부아브씨의 보고서(Rapport de M. de Boyve, délégué de Nimes, au Congrès de Carlisle)(1887)', 《님므 협동조합의 역사와 프랑스 협동조합운동에 미친 영향Histoire de la coopération à Nîmes et son influence sur le mouvement coopératif en France》.

더들은 이미 그 징후를 강하게 느끼고 있었던 듯하다. 특히 계급 갈등의 격화와 더불어 각국의 과도한 군비확충으로 제국주의 전쟁의 기운이 퍼지고 있었던 탓에 사회 평화와 세계 평화를 위한 노력이 절실히 요구되었던 시기였다. 멀리 갈 것 없이 당시 조선의 상황만 보더라도 이미 1866년에 프랑스의 침략으로 병인양요를 겪었고, 1871년에는 미국의 침략으로 신미양요를 겪었으며, 1885년에는 영국이 러시아의 남하를 막는다는 명분으로 조선의 거문도를 불법으로 점거한 사건이 있었다. 이렇듯 19세기 중후반은 협동조합운동이 개화하는 시기이기도 했지만 다른 한편으로는 각 나라별 사회문제의 폭발과 계급 갈등 격화, 그리고 세계적으로는 제국주의 침략과 도발이 확산되어 사회 평화와 세계 평화가 동시에 위협받고 있던 위기의 시대였다.

이러한 상황에서 ICA의 설립자들은 "모든 나라 협동조합인들의 힘을 모아 상호부조와 사회 평화의 사상을 전파하고, 이를 통하여 모든 관대한 심성을 가진 이들이 믿고 있는 이상인 세계 평화를 이룩하자"(드부아브, 1889)는 목표를 설정했다. 영국은 칼라일 대회에서 만장일치로 ICA 설립을 통과시켰고, 전 세계 협동조합인들에게 동참할 것을 제안하는 호소문을 보냈다. 그리고 드부아브는 이 자리에서 실질적인 준비를 위한 제안을 했다. 첫째, 영국, 프랑스, 이탈리아의 연합회 차원에서 5명으로 구성된 'ICA위원회'를 설치하여 사회 평화와 세계 평화에 관한 나라별 상황을 공유하고, 둘째, 3개국의 협동조합 신문을 발간하여 ICA위원회의 소통 창구로 활용하자는 것이었다.

이들의 노력은 마침내 1895년에 결실을 보았다. ICA 창립총회는 영국 런던에서 개최된 영국 협동조합연합회의 총회 시기에 맞추어 8월 19~23일 동안 개최되었다. 그런데 설립의 핵심 멤버들 가운데 영국의 반시타트 닐은 안타깝게도 1892년에 사망하여 역사적인 그날을 보지 못했고, 드부아브 또한 참석하지 못했다. 하지만 드부아브는 그가 편집장을 맡은 〈해방〉지 1895년 9월 15일자에 ICA 1차 대회 4박 5일의 일정을 아주 세세하게 기록해두었다. 참석자는 영국을 비롯하여 프랑스, 이탈리아, 벨기에, 덴마크, 스위스, 네덜란드, 세르비아, 독일, 미국 등에서 온 100명이 넘는 규모의 대표단이었다. 일부 대표단을 제외하고는 대부분 유럽 대표들이었기에 아직 국제 조직으로서의 면모를 갖추지 못한 상황이었다. 하지만 해를 거듭할수록 참여 조직이 늘어나 2021년 현재 전 세계 112개국 318개 조직이 회원으로 가입되어 있다.

4. 경쟁하지 않는 기업, 협동하는 사람들이라는 신인류

ICA 창립은 경쟁이 아닌 협동이 기업의 운영원리임을 전 세계에 천명하는 계기가 되었다. 비록 이념 갈등을 겪었지만 전 세계에서 처음으로 평등과 평화와 협동의 윤리와 가치를 가진 삶과 노동의 공동체기업들의 연합이 탄생한 것이다. 그러하기에 ICA 창립은 단지 협동조합의 역사에만 남을 기록이 아니라 인류 공통의 문화유산으로서 가치가 있다고 하겠다. 뒷장에서 다루겠지만, ICA의 이러한 성격으로 인하여 훗날 전 세계의 평화를 지키고자 만들어지는 유엔과 노동자들의 권리를 위해 만들어질 국제노동기구ILO와도 지속적으로 상호협력하는 전통을 이어갔다.

ICA는 영국과 프랑스 협동조합 운동가들의 합작품이었고, 그 외에 이탈리아의 비가노 교수도 많은 역할을 했다. 그 과정을 돌아보면서 발견한 사실과 그것이 주는 시사점은 아주 큰 의미가 있다.

우선 가장 열정적인 설립의 촉진자인 드부아브와 그의 길동무인 지드의 님므학파가 협동조합운동의 전망과 프로그램 측면에서 가장 큰 영향을 미쳤다는 점이다. 그들은 혁명적 사회주의와 자유주의의 파괴성을 모두 비판하는 사회기독교주의 입장으로 협동조합운동이 노동자뿐 아니라 모두를 위한 평화와 화합의 운동이 되어야 한다고 주장했다.

1896년 파리의 사회박물관에서 개최된 제2차 ICA 총회 사진
출처:사회박물관

한편, 같은 님므학파라도 프랑스의 파브르를 비롯하여 영국의 반시타트 닐, 이탈리아의 비가노는 기독교사회주의자 christian socialist 로서 보다 노동자 중심의 협동조합운동을 지향했다. 이 외에 벨기에 사회주의자 앙셀도 이들과 협력을 많이 했다.

이렇게 볼 때 ICA 주축들의 이념적 성향은 사회기독교의 연대주의자들, 노동결사체를 중시하는 기독교사회주의자들과 사회주의자들이다. 하지만 이들은 공통적으로 오언과 푸리에와 같은 선구자들에게 가장 많은 영향을 받았고, 영국의 로치데일 공정개척자들의 소비협동조합과 프랑스 고댕의 파밀리스테르 같은 노동자생산협동조합을 협동조합운동의 중

요한 축으로 두었으며, 독일의 신용협동조합운동의 유용성
또한 인식하고 있었다.

결론적으로 ICA를 중심으로 한 당시의 협동조합운동은 사
상적 경향이 다르고 협동조합의 주된 동력과 목적에 대한 상
이 조금씩 달랐지만 실제 다수 민중의 삶에 필요한 협동조합
의 형태와 운영원리를 찾는 것을 우선시했다. 그리하여 운영원
칙이 분명하고 투명한 운영으로 확산성을 가진다고 확인된 경
험은 서로 공유하며 이념의 벽에 갇히지 않는 개방성을 가졌
다고 할 수 있다. 어떤 이념으로 협동조합운동을 하는가보다는
어떻게 협동조합을 하는가를 더 중요하게 생각했다는 뜻이다.

ICA 1세대라고 할 수 있는 이들이 합의한 정체성은 세월
이 지나면서 조금씩 도전받고 변화하기도 한다. 그것은 ICA
가 사람들의 결사체인 협동조합운동 조직이기 때문일 것이
다. 하지만 우리가 ICA 설립 과정을 돌아보며 기억해야 할
것은 협동조합은 어떤 하나의 이념의 산물이 아니고, 심지어
이념 차이를 뛰어 넘어 협동을 추구한 평화의 운동이었다는
점일 것이다. 그것도 전 세계 모든 나라의 평화공존을 위해
2차 대전 후 만들어진 국제연합^{UN}뿐 아니라 그 전신인 국제
연맹_{League of Nations}이 설립되기 25년 전에 민간의 힘으로 국제
적인 조직을 만들었던 것이다. 이러한 측면에서 ICA 창설의
역사는 협동조합운동을 넘어 인류 전체의 소중한 문화적 유
산으로 기록될 만한 가치가 있다.

셋째마당

이상과 비전

5장

1920년,
반쪽짜리 공화국을 참다운 공화국으로 만들기 위한
'협동조합공화국'의 이상

생존투쟁의 형태로 벌어지는 경쟁이 약화되고 이윤추구의 타는 갈증이 사라진다면 그 결과 오늘날 부글부글 끓어 넘치는 부의 원천이 고갈되는 것이 아니라 조금 속도가 늦추어질 뿐이니 그리 심려할 문제가 아니라고 생각된다. 스튜어트 밀은 미래의 이런 상태를 "인류의 산업의 강은 결국 흐르지 않는 (정체된) 바다에 다다를 것이다"라고 예견한 바 있다. 그런데 왜 정체되었다고 해야 하나? 왜 음습한 습지를 떠올리는 이 단어를 사용하나? 그것은 항상 요동치고 진흙투성이인 격류가 아니라 하늘의 빛과 기슭의 즐거움을 비추어주는. 그리고 우리의 모습을 응시할 수 있는 잔잔한 호수라는 걸 왜 알지 못하는가? 만약 어느 날 경제활동이 둔화된다면, 사람들에게 여유가 생기고 살아갈 시간이 주어질 것이다. 돈이 아닌 다른 것에 관심을 가지게 되고, 서로서로 사귀며, 자신을 들여다보기 위해 영혼을 굽어보는, 소위 '성찰'이라는 것을 하게 되어, 우리 미래의 경제사회는 고요해진 물결 속에서 조금의 기쁨과, 조금의 하늘의 빛과 저 높은 곳의 것들을 비추어줄 것이다.

- 샤를르 지드[*]

2014년 어느 흐린 겨울날, 선물처럼 내게 다가온 문장이다. 이 글의 저자는 경제 발전이 도덕의 진보와 함께 가야 한다고 생각하며 '협동조합공화국'을 구상했던 샤를르 지드다. 그의 조카이자 작가인 앙드레 지드가 샤를르 지드의 재능을 물려받지 않았을까 싶을 정도로 정치경제학자 지드는 참으로 아름다운 문장으로 마음을 울리는 글을 썼다. 그런데 이 명문에 감탄한 까닭은 하나 더 있다. 100년도 더 전인 1900년대 초에 쓴 이 글의 메시지가 지금을 사는 우리에게 하나도 퇴색하지 않고 여전히 울림을 주기 때문이다. 더 많은 부를 창출하기 위하여 무한 경쟁에 시달리며 얻은 것은 무엇이고 또 잃은 것은 무엇인지 성찰해볼 시간조차 가지지 못했던 지난날들이 아닌가. 스스로 멈추지 못하니 코로나라는 바이러스가 온 것이 아닐까 생각이 들 정도이고, 그래서 이 상

[*]《협동조합공화국》p. 99.

황이 우리에게 단지 재앙이 아니라 어떤 경고이지 않을까 하는 말들이 심심치 않게 들린다. 물론 눈을 감고 귀를 막고 있다면 경고는 들리지 않으리라. 그러다가 어느 날 쓰나미처럼 더 큰 재앙이 밀려올 때 파국은 돌이킬 수 없는 현실이 될 것이다. 그래서 지드는 경제라는 것이 커다란 파도가 되어 밀려와 우리 삶의 터전을 덮치고 집어 삼키는 쓰나미가 아니라 잔잔한 호수이길 바랐던 모양이다. 서로가 서로를 적대시하는 전쟁터가 아니라 마주보며 응시하고 나란히 앉아 잔잔히 흔들리는 물결을 바라보며 행복을 느끼는 그런 호수 같은 경제이기를. 지드가 협동조합공화국을 말한 까닭 또한 속도를 늦추고 사람답게 살며 성찰하는 삶을 회복하고자 하는 열망이 있었기 때문이리라.

이 아름다운 문장을 담고 있던 책은 지드의 이상을 현실의 것으로 만들고자 했던 열정적인 협동조합 운동가가 1920년에 발간한 《협동조합공화국*République coopérative*》이다. 1895

---

* 국내에는 1994년에 진흥복 역으로 선진문화사에서 《협동조합공화국 : 협동조합 경제학》이라는 제목으로 소개되었다. 그런데 필자가 이 번역본과 원서를 비교해보니 번역본은 원서 전체를 온전히 번역하지 않았음을 확인했다. 우선 총 5부 중 3부의 '협동조합의 연계된 이념'과 결론 부분은 아예 통째로 빠졌으며, 본문 또한 문장을 요약하는 방식으로 번역되었다. 그래서인지 원서는 총 256쪽인데 반해 번역본은 154쪽에 불과했다. 이뿐 아니라 저자의 이름이나 지명 등 철자 오류도 많았다. 예컨대 저자의 이름이 Ernest Poisson(에르네스트 뿌아송)인데 Ernest Poison(아르네스트 포아슨)으로 되어 있다. 저자명의 오류가 심각한 까닭은 불어의 Poison은 영어와 마찬가지로 '독'이라는 뜻이기 때문이다. 이와 더불어 문체 등을 볼 때 저자는 원서가 아닌 다른 외국어 번역서, 특히 일어 번역본을 토대로 번역한 것이 아닐까 추측된다.

년, 사회와 세계의 평화를 이루고자 ICA를 설립한 국제 협동조합운동 1세대는 기대와는 달리 세계대전이라는 격변을 겪었다. 이러한 과정을 겪고 등장한 2세대들 중 이 책의 저자 에르네스트 뿌아쏭Ernest Poisson(1882~1942)은 협동조합운동으로써 참다운 민주공화국을 실현하고자 하는 더욱 구체적인 계획을 세운다. 그래서 이 장에서는 어쩌면 협동조합운동의 역사에서 가장 야심찬 계획이라고 할 수 있는 협동조합공화국의 이상이 어떤 의미를 가지는지 살펴볼 것이다. 이를 위해 먼저 어떤 측면에서 협동조합운동이 이 정도의 이상을 가질 만큼 토대를 쌓아왔는지 살펴볼 것이다. 이는 협동조합공화국이라는 이상이 어느 망상가의 꿈이 아니라 협동조합운동의 발전 과정에서 나옴직한 기획임을 밝히기 위함이다. 그 다음에는 이 책에 근거하여 협동조합공화국을 구상한 배경과 필요성, 그리고 실현을 위한 계획을 살펴볼 것이다.

1. 아무것도 아니기에 모든 것이 될 수 있는 사람, 소비자

앞서 3장에서 보았듯 19세기는 협동조합운동이 그 틀을 갖추며 빠른 속도로 확산되어간 시기다. 특히 로치데일 공정 개척자회 모델은 유럽의 여러 나라에 귀감이 되어 프랑스, 이탈리아, 벨기에, 독일 등 각국의 협동조합 리더들은 로치데일형 소비협동조합을 만들었다. 이렇게 확산된 까닭은 우선 홀리요크가 1857년에 《로치데일의 공정개척자들Rochdale pioneers》을 써서 널리 알렸으며, 그 후에는 지드를 비롯한 님므학파에서도 적극적으로 공정개척자들의 모델을 알렸기 때문이다. 그리하여 1919년경에는 영국에서 1,400개 조합에 4백만 명의 조합원이, 독일은 2,000개에 3백만 명, 프랑스는 4,000개에 130만 명, 이탈리아는 2,500개에 50만 명, 스위스는 470개에 35만 명, 덴마크는 1,600개에 30만 명의 조합원을 보유하고 있을 정도였다.[*]

물론 프랑스를 중심으로 노동자협동조합이, 독일을 중심으로 신용협동조합 모델이 발전했고 다른 나라로 전파되었지만 그 확산의 정도와 규모에 있어 단연 선두는 소비협동조합이었다.

하지만 지드가 협동조합공화국이라는 생각을 하게 된 계기는 단순히 소비협동조합의 확산과 성장 때문만은 아니었다. 지드를 비롯한 님므학파는 로치데일 공정개척자 모델을 집중적으로 연구했고, 그에 기반하여 1889년에는 협동조합 프로그램을 발표했다. 그리고 1895년에는 '협동조합 12계명'을 발표하는 등 협동조합에 대해 왕성하게 연구하고 결과

---

[*] 샤를르 지드, 《임금노동의 전환 또는 폐지를 위한 제도Des institutions en vue de transformation ou de l'abolition du salariat》, p. 75. 이 책은 지드가 1919년 5~6월에 미국의 학생들에게 한 12회의 강의를 묶어 1920년에 발간되었다.

물을 발표했다. 공정개척자 모델을 연구하면서 그는 소비협동조합의 중요성을 깨달았다. 그것은 앞의 2장에서 공정개척자들의 프로그램에서 보았듯 소비협동조합의 필요성뿐 아니라 그것이 지닌 무한한 가능성이다. 그 가능성이란 하나의 소비협동조합이 성공하여 다른 하나가 생기고 그들의 연합이 만들어지면, 그것은 단순 합이 아닌 새로운 힘을 가지게 됨을 알게 된 것이다. 즉, 소비협동조합이 네트워크나 연합조직이 만들어져 공동구매를 하면 단지 가격을 낮추는 효과를 넘어 엄청난 구매력을 통해 다른 산업을 통제하는 수단을 갖게 되는 것이다. 생산자나 상인으로서 한 번에 그렇게 큰 고객을 확보한다는 것은 곧 안정적으로 사업을 할 수 있다는 것을 의미하기에 그것만으로 소비협동조합은 힘을 가질 수 있다. 그리하여 지드는 이렇게 말할 정도였다. "소비자는 무엇인가? 아무것도 아니다. 소비자는 무엇이 되어야 하는가? 모든 것이 되어야 한다." 지드의 이 유명한 문구는 사실 프루동 Pierre Joseph Proudhon(1809~1865)이 쓴 글에서 영감을 받은 것이다. 프루동은 1847년에 〈민중의 대표 Le Représentant du peuple〉라는 신문을 발간하며 1면에 이렇게 썼다. "생산자는 무엇인가? 아무것도 아니다. 그는 무엇이 되어야 하는가? 모든 것이 되어야

---

* 샤를르 지드, 〈협동조합. 협동조합이 경제 질서에서 실현해야 할 전환(La Coopération. Des transformations que la Coopération est appelée à réaliser dans l'ordre économique)〉, 1889.

한다. 자본주의는 무엇인가? 모든 것이다. 그것은 무엇이 되어야 하는가? 아무것도 아닌 것이 되어야 한다."(젤랭, p. 76)

아무것도 아니기에 모든 것이 될 수 있는 사람. 그것이 소비자다. 지드가 불교의 '색즉시공, 공즉시색(色卽是空, 空卽是色)'의 의미를 깨달았던 것일까? 본디 '나'라고 할 수 있는 것은 없고, 인연에 따라 나는 이런 사람도 되고 저런 사람도 되듯이 소비자 또한 그 자체로는 아무것도 아니다. 하지만 소비자가 상인을 만나면 구매자가 되고, 소비자들이 만나 협동조합을 설립하면 생산자와 공정한 거래를 통해 생산자의 생계를 보장하는 역할을 하게 되고 잉여는 적립하여 다른 소비협동조합을 만드는 설립자 역할을 하게 된다. 그렇게 많아진 소비협동조합들의 협동으로 도매상점을 만들면 엄청난 구매력으로 생산을 통제하는 역할을 하게 된다. 이렇게 아무것도 아닌 소비자가 협동을 통해 생산자와의 관계를 변화시키고, 거래관계를 변화시키며, 종국에는 생산과 소비와 유통 질서를 변화시키는 역할을 하게 된다. 그러니 지드는 경제에서 소비가 생산보다 더 중요하며, 소비자는 자신의 역할을 깨달아야 하기에 소비협동조합의 발전을 위해 이론적으로나 실천적으로 헌신했다.

이렇듯 소비와 소비자의 중요성과 소비협동조합이 가지는 잠재적인 힘의 발견은 당시 협동조합운동의 중요한 흐름을 형성했다. 그리하여 종국에는 소비협동조합을 중심으로 산업을 재편하고 부조리한 경제체제를 개혁하고자 하는 적극적인 운동이 활발히 일어났다. 그 가운데 하나가 당시 많은 경제학자들과 협동조합 운동가들이 꼭 해결하고자 했던 임금노동의 폐지다.

2. 협동조합이 임금노동의 족쇄를 풀어줄 수 있다

지드는 많은 경제학자들, 특히 자유주의 경제학자들이 협동조합을 사고하고 가르치는 방식을 비판했다. 왜냐하면 경제학자들은 협동조합 자체가 가진 높은 이상과 사회변화에 기여하는 역할을 중요시하지 않았고 그것을 사회주의를 막는 수단으로 보았기 때문이다. 그들은 협동조합을 사회주의를 막는 제방이며, 피뢰침으로 천둥번개를 막듯 협동조합이 혁명을 막는 피뢰침이며, 노동계층 전부 아니면 일부 엘리트 노동자집단을 자본가로 만들 수 있는 수단으로 보았던 것이다. 이러한 경향에 대하여 지드는 1889년 파리에서 개최된 협동조합 대회에서 협동조합은 폭력에 기반하지 않고 권리에 기반하며, "개인을 구원하기 위한 사업이 아니라 사회 전환을 위한 사업"이라고 했다. 이미 1886년 협동조합 대회에서 그는 "임금노동을 전환시켜 노동계층을 해방"하는 운동이 되자고 연설한 바 있다. 협동조합운동 내에서 자유주의자들을 제외한 많은 이들이 임금노동의 폐지를 주장했는데, 지드는 그 의미를 다음과 같이 설명했다.

> "우리가 '임금노동 폐지'라는 문구의 의미를 제대로 파악한다면, 즉 그것을 노동자가 자신의 노동이 자본가, 고용주, 지주를 살찌우는 데 쓰이는 것이 아니라 그의 노동의 결과를 자신이 온전히 가지는 것, 또는 적어도 그가 가지지 못한 일부는 모든 국민에게 혜택을 가져다준다고 확신할 수 있는 경제를 의미한다면, 그 노동자는 그가 고용된 기업에서 그곳이 마치 자신의 집인 양 여기게 될 것이다. 그리고 새로운 기업이 만드는 공화국에서 그는 더 이상 시종이 아닌 시민이 될 것이다."*

사실 지드뿐 아니라 각국의 협동조합 리더들은 ICA를 설립할 당시부터 소비협동조합과 생산자들로 이루어진 노동자협동조합 간의 협동을 중요하게 여겼고, 소비협동조합의 사업을 통해 얻은 수익으로 노동자들의 생활조건을 개선해야 한다고 생각했다. 그러니까 소비협동조합은 소비자들만을 위한 이기적인 협동조합이 아니라 생산을 조직하며 노동자들에게도 혜택이 가는 협동조합이 되어 사회를 변화시켜

---

* 소비협동조합연합회는 꼴레주드프랑스에서 협동조합 학과를 개설하여 지드에게 강의를 맡겼다. 이때 지드가 한 개강연설이다(젤랭, p. 198).

샤를르 지드의 책
《임금노동의 전환 또는 폐지를 위한 제도Des
institutions en vue de transformation ou de l'abolition
du salariat》
지드는 1919년 5~6월에 미국의 학생들에게 협동조합
을 통해 임금노동을 전환할 수 있는 방안에 대하여 12회
차에 걸쳐 강의를 했고, 그 강의록을 묶어 1920년에 책
으로 발간했다.
출처: CEDIAS(http://www.cedias.org/)

야 한다고 생각한 것이다. 그리하여 실제 ICA 설립 총회에서
논의되었던 안건 중 하나가 '노동자들의 이윤 참여'에 관한
것이었다. 1895년 8월 20일 오후에 개최된 4번째 회의의 주
제가 '노동자들과 피고용인들의 이윤 참여'였는데 이때 영국
의 로버트Charlies Robert가 제안한 내용을 홀리요크가 지지했고,
ICA는 다음과 같은 사항을 결정했다.

> "대회(ICA)는 자본과 노동의 조건을 지속적이고도 만족스러
> 운 방법으로 해결할 다른 방안이 없고, 오로지 노동자들에게
> 통상의 임금에 더하여 이윤을 배당해주는 것에 토대를 두어
> 야 한다는 것이며, 배당은 고용주와 노동자들에게 공평하게
> 주어져야 하며, 고용주가 이러한 체계를 도입해야 한다는 것
> 이다. 대회는 또한 협동조합의 원칙에 충실하기 위하여 노동
> 자들을 고용하는 모든 종류의 협동조합 결사체는 노동자들

에게 합당한 만큼의 이윤을 배당한다는 내용을 정관에 두어
야 한다는 점을 추가한다."*

그런데 이러한 논의가 시작되고 발전한 데는 영국 소비협
동조합의 발전과 더불어 ICA 설립을 준비하던 당시 주체들
이 공통의 비전을 수립했다는 사실이 크게 기여하고 있다.
앞 장에서 언급했듯이 그들은 사회 평화와 세계 평화를 위하
여 협동조합이 어떻게 기여할 것인지 구체적인 프로그램을
준비했다. 여기에는 로치데일 공정개척자들과 같이 작은 하
나의 협동조합에서 이루어진 것이 협동조합들 간의 협동으
로 만들어진 더 큰 협동조합에서 실현되고, 그것이 온 나라
로 확산된다면, 그리고 이러한 협동조합 교육이 널리 퍼지면
사회의 평화가 정착되고, 전 세계의 평화에도 기여할 것이라
는 전망이 담겨있다. 이를 위하여 우선 소비협동조합을 발전
시키고, 이 소비협동조합이 노동자들에게 그들의 노동자협동
조합을 설립할 수 있는 자본을 주는 것을 첫 단계로 설정했다.
　여기서 잠깐, "소비협동조합이 노동자들에게 그들의 노동
자협동조합을 설립할 수 있는 자본을 준다"는 문장에 주목
해보자. 어떻게 이러한 생각을 하게 되었을까? 그 까닭은 다
시 로치데일 공정개척자회 설립에 얽힌 기막힌 사연을 들어

---

* 《해방》, N° 9, 15 Septembre, 1895, p. 135.

보면 수긍이 갈 것이다. 1844년 공정개척자들이 자신의 조합 설립 계획을 수립한 후 설립을 위한 출자금을 모아야 했다. 부모에게 받을 유산도, 담보 잡힐 집도, 은행에 부어둔 적금도 없는 노동자들이 무슨 돈이 있었겠는가? 그래서 설립자 40명은 장기항전 임전무퇴의 정신으로 주 2펜스씩, 티끌모아 태산은 아니라도 비빌 언덕쯤은 만들 요량으로 돈을 모으기 시작했다. 요즘에야 인터넷뱅킹으로 간단히 이체할 수 있지만 당시엔 일일이 집을 찾아다니며 수금해야 했다. 게다가 조합원들은 여러 곳에 흩어져 살았기 때문에 세 명의 모금 담당자를 정했다. 그리고 세 명은 구역을 셋으로 나눠 마치 일요일 날 교회에서 헌금을 걷듯이 일요일에 조합원 집을 방문하여 출자금을 수금했다. 그러다가 속도를 내고자 주 2펜스에서 3펜스로 올려 마침내 목표액인 28파운드에 이르렀다. 고작 5만 원도 안 되는 28파운드의 출자금을 모으기 위해 매주 피 같은 2펜스(약 30원)를 절약해야 했던 방직공들의 어려움을 로치데일 공정개척자들의 후예들은 잊지 않았던 것이다. '개구리 올챙이 적 시절 생각 못 한다'는 속담이 무색하게도 이미 훌쩍 커버린 협동조합들이 올챙이 적 시절을 잊지 않기 위해 원칙까지 만들어 지키고자 했다. 로치데일의

---

* 조지 제이콥 홀리요크, 정광민 옮김,《로치데일 공정선구자협동조합, 역사와 사람들》(2013), 그물코, p. 45~46.

후예들은 "가능한 한 빠른 시일 안에 공정개척자회는 재화의 생산과 분배, 교육, 자치제도를 도입할 것이다. 달리 말하자면, 이해가 통일되고 스스로 지탱하는 공동체를 설립할 것이다. 우리 회는 다른 협동조합을 도와 우리와 유사한 공동체들을 만들어나갈 것이다"라고 적힌 1844년 프로그램의 마지막 문장을 잊지 않았다. 그 정신은 이종 협동조합인 노동자협동조합의 설립을 지원하는 토대를 만들어주자는 '협동조합 간의 협동'의 실천으로 계승된 것이다.

이러한 측면에서 1887년 영국 칼라일에서 개최되었던 영국 협동조합대회는 아주 중요한 논의와 결정이 이루어진 대회로 기록된다. 우선 영국 협동조합연합회는 다음 사항을 투표로 결정했다. "첫째, 협동조합의 원칙에 따라 노동자들은 그들의 노동으로 발생한 이윤의 일부를 받아야 한다. 둘째, 도매상점의 이사들은 이러한 원칙에 맞게 그들의 산업을 재조직해야 한다." 영국 대회의 참석자들은 도매상점 협동조합에서 발생한 이윤을 노동자들에게 분배하지 않고 소비자 조합원들에게만 분배한 점의 부당함을 성토했다. 그래서 실제 영국의 레스터Leicester에 소재한 신발공장 노동자들이 파업을 벌였고 노동조합이 지원한 사례를 들었다. 이 공장에서의 노동으로 도매상점협동조합은 875,000프랑의 이윤이 발생했음에도 그 일부를 전혀 신발공장 노동자들에게 분배하지 않았던 것이다. 그리하여 반시타트 닐은 "이윤을 창출한 노동자들에게 이윤을 나누어주지 않고 자기들만 다 취하는 것은 협동조합인으로서 수치다"라며 맹렬히 비판하기도 했다.(드부 아브, p. 114~115)

반시타트 닐이 화를 낸 까닭은 레스터의 사례와 같이 소비 협동조합이 노동자들의 이익을 외면한다면 협동조합이 사회 평화에 기여하기는커녕 오히려 사회에 분란을 일으키는 존재 가 되기 때문이다. 그래서 만약 협동조합운동의 리더들이 칼 라일대회에서 정한 원칙을 지킨다면 노동조합과도 끈끈한 연 대가 이루어져 협동조합과 노동조합의 협동으로 사회에 큰 영향을 미칠 수 있게 되는 것이다. 그리하여 그들은 이듬해에 는 영국의 92만 명의 협동조합인들에 더하여 68만1천 명의 노동조합원들이 결합하고 그 가족들까지 온다면 대략 6백만 명의 인원이 참석하여 그 자체로 거대한 사회적 협동의 장 관을 연출할 수 있을 것이라고 기대하기도 했다. 그래서 드 부아브는 1887년 대회를 'ICA 대회'이자 동시에 "노동자들 의 권리를 확인하는 대회"로 명명했던 것이다.(드부아브, 1889)

3. 협동조합공화국의 밑그림

이렇게 소비협동조합의 발전으로 노동자들에게 혜택을 주 며, 그들의 노동이 억압당하고 착취당하는 노동이 아니라 정당한 대가를 받고 주인 되는 노동으로 만들고자 한 지드의 생각은 협동조합공화국의 기초를 이룬다. 엄밀히 말하면 그는 임금노동의 폐지가 아니라 임금노동이 제대로 기능하는 제도를 만드는 산업구조의 민주화를 주장했던 것이다.(지드, 1920)

지드에게 있어서 소비협동조합은 새로운 경제 질서를 만들어 새로운 세상이라는 '좁은 문'으로 들어가는 열쇠와 같았다. 그는 이미 1889년에 그 질서를 만들기 위한 세 단계의 프로그램을 소개한 바 있다.

이 프로그램은 기존 경제 질서에서 단계별로 쟁취해야 할 과제를 제시한 것이다. 먼저 상업부문, 그 다음에는 제조부문, 마지막으로는 농업부문으로 진출하고, 이러한 계획은 모든 나라에서 실현해야 할 과제로 두었다. 그때 지드는 마치 '약속의 땅'처럼 협동조합공화국이 실현될 것이라며 "그 땅을 보는 자 행복할 것이고, 그것을 보지 않고도 믿는 자 또한 행복할 것이다"라고 했다(겔랭, p. 200). 신앙인으로서 지드는 종교의 예언자처럼 협동조합인들에게 협동조합공화국의 이상을 보여주었다. 그리하여 지드의 전망은 19세기 말부터 이미 많은 소비협동조합 활동가들의 가슴에 불을 질렀다. 아직은 잘 모르는 그곳이 어떠할 것인지에 대한 상을 보여주었을 때 사람들은 비참하고도 어려운 현실을 견디고 극복해야 한다는 믿음이 생기기 때문이다. 산업혁명이 시작될 무렵 탄생한 협동조합운동이 굶주림에서 벗어나기 위한 몸부림이었다

면 협동조합공화국의 비전은 협동조합운동을 한 차원 끌어
올리는 계기가 된다. 이렇게 진화하는 지드의 협동조합운동
의 비전은 영국의 저명한 협동조합 운동가인 홀리요크나 웹
Beatrice Potter Webb(1858~1943)*의 지지를 받으며 국제적인 차원의
협동조합운동의 비전으로 인정받게 된다.

**샤를르 지드의
협동조합 프로그램(1889년)**
출처:사회적경제재단 FONDES가 발간한 《사회
적경제 역사》

샤를르 지드의 협동조합 프로그램(1889)

1. 협동조합 그룹을 만든다. 여기서 발생한 이윤에서 가능한 한 가장
   많은 액수를 떼어내어 도매상점을 설립하고 큰 단위에서 구매를 추
   진한다.

2. 이렇게 조성된 자본으로 빵집, 목공소 등을 설립하여 조합원들이 필
   요한 모든 것을 직접 생산하기 위한 사업을 시작한다.

3. 다소 먼 미래에 땅과 농장을 취득하여 이 땅에서 직접 생산한다.

---

* 베아트리스 웹은 사회학자이자 경제학자로서 1891년에 《영국의 협동조합운동 The Co-Operative
Movement in Great Britain》을 썼으며, 1894년에는 남편 시드니와 함께 《노동조합의 역사 History
of Trade Unionism》를 집필했다.

LES DOUZE PRÉCEPTES DE LA COOPÉRATION, *Charles Gide*, Alma-
nach de la coopération, *1895.*

« Quatre préceptes commerciaux :
1° Ne pas vendre à crédit ;
2° Ne pas vendre au plus bas prix ;
3° Ne pas vendre au public ;
4° Aller assidûment au magasin ;

Quatre préceptes financiers :
1° Constituer un fonds de réserve ;
2° Distribuer les bonis au prorata des achats ;
3° Payer un intérêt au capital ;
4° Limiter le nombre des voix de chaque actionnaire ;

Quatre préceptes moraux :
1° Faire participer les employés aux bénéfices ;
2° Provoquer des rapports fréquents entre sociétaires ;
3° Adhérer à l'Union coopérative ;
4° Ne pas favoriser des consommations *immorales* »

**샤를르 지드의
협동조합 12계명**
(1895년 협동조합 연보)

샤를르 지드의 협동조합 12계명

4개의 상업계명
1. 외상 판매를 하지 말라
2. 최저가로 판매하지 말라
3. 일반대중(비조합원)에게 판매하지 말라
4. 열심히 협동조합 상점에 가라

4개의 재정계명
5. 적립기금을 조성하라
6. 이용고에 따라 보너스를 분배하라
7. 자본에 이자를 지급하라
8. 각 출자자의 표를 제한하라

4개의 도덕계명
9. 피고용인을 이윤에 참여하게 하라
10. 조합원들이 자주 만나는 관계가 되도록 하라
11. 협동조합연합회에 가입하라
12. 비도덕적인 소비를 육성하지 말라

출처:사회적경제재단 FONDES가 발간한 《사회적경제 역사》

협동조합인들의 노래

작사 : 에두아르 비베르(Edouard Vibert)

작곡 : 레옹 빌라르(Léon Villars)

모두는 한 사람을 위해. 한 사람은 모두를 위해.

오 숭고한 신조여.

어떤 것도 이것을 깨달은 사람들을 갈라놓을 수 없을 것이니.

협동조합인의 숭고한 신념의 행동,

그것은 힘과 마음의 이상적인 결합이며,

그것은 진정한 이타주의이며,

그것은 사랑의 세상이며,

무엇보다도 그것은 명명백백히 드러나는 선의일지니.

오 협동이여.

너의 풍성한 원천은 이 세상 끝까지 선의가 샘솟게 할 것이다.

너의 아름다운 신조는

이상이 깨지더라도 우리를 극복하게 할 것이다.

모두는 한 사람을 위해. 한 사람은 모두를 위해.

● 국제협동조합연맹이 조직되고, 협동조합 프로그램에 기반하여 더 나은 세상을 꿈꿀 수 있었던 그 시절. 한 시인은 협동조합의 열망과 협동의 미덕을 널리 알리기 위한 시를 지었고 다른 청년은 그 시에 곡을 붙여 노래를 만들었다. 그렇게 탄생한 협동조합인의 노래는 1909년 《프랑스 협동조합인 연보》에 실렸다.

4. 협동조합공화국의 설계

이러한 지드의 이상과 계획을 구체화하기 위하여 그의 뒤를 이어 소비협동조합을 비롯하여 많은 협동조합의 발전에 실질적으로 기여한 또 한 명의 협동조합 운동가가 에르네스트 뿌아쏭이다. 그는 협동조합공화국을 현실로 만들기 위해 같은 제목의 책을 썼고, 그의 이상이 널리 퍼지도록 책에 대한 판권을 주장하지 않고 자유롭게 발간하도록 허용했다.

뿌아쏭은 사회주의자로서 당 활동에도 열심이었지만 그보다 더 많은 시간과 노력을 협동조합운동에 바쳤다. 그는 사회주의자들의 소비협동조합연합회 사무총장을 역임하던 시절에 로치데일 공정개척자들의 원칙을 따라야 한다고 생각했다. 그래서 그가 속한 사회주의자 소비협동조합연합회를 설득하여 이념적으로 극단적인 경향을 띠는 협동조합들은 제외하고 다른 대규모 소비협동조합연합회와의 통합을 성사시키기도 했다. 이때가 1912년인데 그는 통합된 프랑스 소비협동조합연합회FNCC의 사무총장을 맡아 지역 연합회를 구축하는 데도 앞장 섰다. 그리고 정부의 관련 기구에서 위원의 역할을 했고, 1921년에는 ICA의 중앙위원회에 선출되어 부회장을 역임하기도 했다.

뿌아쏭은 협동조합 조직가로서 많은 역할을 하기도 했지만 그의 탁월한 능력은 협동조합의 경영에서 발휘되었다. 그

1912년 프랑스 소비협동조합전국연합회 (FNCC) 제1차 통합대회 보고서

사회주의자 협동조합 운동가였던 에르네스트 뿌아쏭은 다양한 소비협동조합연합회들을 통합하기 위해 노력했다. 그 결과 1912년에 통합돼 단일 소비자협동조합연합회의 첫 대회가 개최되었다.

출처: 사회박물관

스스로 많은 협동조합을 설립하는 데 앞장서기도 했지만 특히 큰 협동조합 은행이 파산에 이르렀을 때 그가 긴급히 투입되어 이사회를 운영하며 소생시키는 실력을 발휘했다. 이렇듯 뿌아쏭은 현장의 조직 지원, 협동조합 조직들의 네트워크 구축, 협동조합 발전을 위한 제도적 환경 조성 등 다방면으로 활약하며 한 시대의 협동조합운동을 이끌었던 핵심 리더였다.

이러한 면면이 고스란히 담긴 것이 《협동조합공화국》이다. 뿌아쏭은 현장에서의 경험을 토대로 이 책에서 협동조합이 무엇을 할 수 있고 또 어디까지 갈 수 있는지 그 무한한 잠재력과 가능성을 찾아 체계적으로 보여준다. 즉, 협동조합이 만들 수 있는 사회와 세상의 설계도를 보여준 것이다. 하지만 그는 딱딱한 설계도만으로는 광범위한 대중운동이 될 수 없음을 알았다. 그래서 협동조합의 동지를 많이 만들기 위해 노동조합처럼 노동자들의 권익을 위한 운동과 본질적으로는 뿌리가 같다는 것을 보여주었다. 또한 그가 몸담고 있던 사회주의 정당 활동가들의 동참을 이끌어내기 위하여 당시 저항운동의 기수인 마르크시즘과도 양립할 수 있음을 보여주었다. 이를 통해 우리는 뿌아쏭이 새로운 공화국을 만들기 위해서는 기존의 협동조합인들만으로는 충분하지 않기에 더욱 강력한 힘을 발휘하기 위하여 이념과 노선을 뛰어넘어 거대한 협동의 물결을 일으키고자 노력했음을 알 수 있다.

그럼 이제부터 본격적으로 협동조합공화국의 설계도를 살펴보도록 하자. 그의 문제의식을 하나하나 따라가면서.

반쪽짜리 공화국을 참다운 공화국으로 만들어야 한다

왜 협동조합공화국인가?

하나.

협동조합의 민주적 운영은 공화국의 이념인 민주주의 정치체계에서 빌려온 것이다. 민주공화국의 권력은 국민으로부터 나오고, 모든 국민은 동등한 한 표를 갖듯이 모든 조합원이 주인이 되어 1인 1표로 의사결정에 참여한다.

　그런데 민주주의를 이념으로 하는 정치체제에서 왜 경제시스템은 민주주의에 반대되는 토대에 기반하고 있는가? 정치에서 한 표를 가지는 시민이라도 기업에서는 시키면 시키는 대로 해야 하는 노예나 다름없다. 자유롭고 평등한 노동계약을 체결했다지만 노동자의 노동은 고용주에게 예속되어 있어 어떤 제안도 협상도 가능하지 않다. 먹고사는 일에서 예속되어 있는데 어찌 자유로운 사람이 될 수 있을까? 그러니 지금의 공화국은 반쪽짜리 공화국이다. 그래서 뿌아쏭은 모든 이들에게 동일한 권한을 부여하는 협동조합의 운영원리가 공화국이라는 정치체제에 적합한 조직의 법칙임을 일깨워준다. 협동조합공화국은 반쪽짜리 공화국을 온전한 공화국, 참다운 공화국으로 만드는 길이다.

　둘.

　우리는 왜 경제시스템 자체에서 부의 공정한 분배를 고려하지 않고 경제 외적인 영역에서 그것을 해결하려고 하는가? 언제부터인가 우리는 경제는 당연히 불평등을 양산하고 그 문제는 정치의 영역에서 해결하는 것이라 생각해온 듯하다. 그래서 세금을 통해 조절하려 하지만 이 분배정의가 더 이상 정치를 통해 해결되지 않고 있다는 것을 누구나 다 알 것이다. 그나마 북유럽과 같은 복지국가에서는 가장 근접하게 실

현했지만 그 모델 또한 한계를 보여주고 있다. 그래서 뿌아
쏭은 주장한다. 문제는 그 문제의 뿌리에서 원인을 찾아 치
료해야 한다고. 협동조합공화국은 1900년대 버전의 '경제민
주화'이다.

셋.

주식회사를 중심으로 하는 현재의 자본주의 모델은 결국
특정계층의 손에 자본을 집중시키게 된다. 하지만 그들은 점
점 생산과정에 참여하지 않고 이익을 취함으로써 '사회적 기
생충주의'가 형성된다.

주식으로 엄청난 차액을 얻은 이들, 태어나자마자 억대의
자산가가 되는 아이, 한 번도 일하지 않은 창업주의 자식이
갑부가 되는 현실. 그런데 우리는 그들을 부자 혹은 자산가
라고 부른다. 결국 지금의 경제시스템은 불로소득자를 만드
는 시스템이다. 한 번도 노동하지 않거나 생산과정에 참여하
지 않은 그들을 기업가라 부르고 대표라 부르는 게 과연 타
당한 처사일까? 그래서 뿌아쏭은 노동에 기생하는 사회적 기
생충을 박멸하는 방법은 자본에 대한 보상을 제한하며 공동
의 자산을 형성하는 협동조합의 운영원리가 일반화되는 것
임을 강조한다. 정치는 정치의 몫이 있고 경제는 경제의 몫이
있다. 정치가 경제의 몫까지 다 하기를 기대하지 말고 경제
스스로가 제 몫을 하도록 바꾸는 것이 협동조합공화국이다.

협동조합의 법칙을 알면
협동조합공화국이 보인다

협동조합이 참다운 공화국의 초석이 될 수 있다는 그의 신념은 오언의 후계자인 로치데일 공정개척자들에서 시작하여 유럽 전역으로 퍼져나간 소비협동조합 모델에서 비롯되었다고 해도 무방하다. 공정개척자들의 프로그램이 한 단계 한 단계 실현되는 과정을 보면서 지드가 협동조합 프로그램을 제시했듯이 그는 바로 거기서 협동조합의 법칙을 정립하여 협동조합공화국의 가설을 수립한다. 그 법칙이란 협동조합 '조직의 법칙'과 '진화의 법칙'이다.

조직의 법칙이란 구매에 따른 분배, 조합원의 평등, 공정한 시장 판매 가격, 양도할 수 없는 순자산으로 이루어진다. 이 네 요소는 협동조합이 얼마나 평등한 노동관계에 기초하여 공정한 시장관계를 형성하며, 자본에 대한 보상은 제한하고 이용고에 따른 보상을 함으로써 조합원의 충성을 이끌어낼 수 있으며, 나눌 수 없는 적립금제도를 통하여 공동으로 소유하는 자산을 확대하여 조직의 지속가능성을 보장할 수 있는 원리인지를 보여준다. 협동조합 조직의 법칙은 노동관계나 시장관계의 측면에서 불평등한 구조를 만들지 않는 건전한 조직이면서도 조직의 안정성에 필요한 소유와 분배 구조를 가지는 특성을 보여준다.

조직의 법칙이 하나의 협동조합이 얼마나 탄탄한 토대를 가지고 유지될 수 있는지를 보여주는 것이라면, 진화의 법칙은 하나의 협동조합이 둘이 되고 셋이 되는 확장의 원리와 더불어 그 양적인 확대가 만들어내는 질적인 변화를 밝히는 원리이다. 소비협동조합들이 모여 연합을 만들면 도매협동조합을 만들어 더 낮은 가격으로 물품을 조달할 수 있다. 그 다음에는 그렇게 아껴 모은 잉여로 땅을 사서 농사를 짓거나 공장을 지어 새로운 생산이 가능해져 1차, 2차, 3차 산업으로 진출할 수 있는 확장성을 가진다. 그러니 하나의 협동조합이 잘 자라면 그것이 새로운 협동조합의 씨앗이 되고, 그렇게 하나 둘 자라나면 협동조합의 밭이 되어 더욱 더 많은 협동조합이 생기고 자랄 수 있는 비옥한 토양이 될 수 있다. 이렇게 무성해진 소비협동조합의 커뮤니티는 소비와 유통에 머물지 않고 직접 생산의 기반을 갖추게 된다. 그렇게 되면 적립한 자본으로 직접 땅을 경작하고 밭을 일구는 생산자협동조합을 만들고, 또 노동자협동조합을 설립하여 생산자들이 공급한 농작물로 식료품을 만들어 소비협동조합의 상점에 조달할 수 있으며, 그곳에서 일하는 많은 노동자들과 농민들의 생활조건이 개선되고 그들을 위한 주택을 짓거나 도서관을 만들어 사회적 조건을 개선할 수도 있다. 아무것도 아닌 소비자들이 협동하면 모든 것을 할 수 있다는 지드의 프로그램이 만든 청사진이다.

경제적 변화에도 협동조합공화국은
실현가능할까?

그러면 이런 확장과 진화의 원리는 언제나 유효할까? 혹시 경제구조가 변하고 산업이 발전하면 협동조합은 적응하지 못하고 무너지지는 않을까? 뿌아쏭은 이렇게 구축된 협동조합시스템은 경제적 변화에도 쉽게 무너지지 않는 적응력이 있다고 보았다. 그의 판단은 협동조합이 생기고 발전해온 과정을 관찰하며 도출한 결과이다.

협동조합의 탄생은 산업혁명 이전으로 거슬러 올라가지만 로치데일 공정개척자들의 사례에서 보듯 실질적인 협동조합운동은 자본주의의 토대 위에서 시작되었다고 할 수 있다. 19세기 당시 유럽 각국의 협동조합의 발전상황을 살펴보면 자본주의가 가장 발전한 영국에서 협동조합이 가장 깊이 뿌리를 내렸고 가장 발전된 제도가 구축되었다. 인구가 적은 덴마크나 벨기에도 같은 성과를 보였다. 반면, 독일의 경우 19세기 말까지 산업 발전이 더디게 이루어져 협동조합 또한 제대로 발전하지 못하다가 1900~1910년에 산업 발전과 더불어 협동조합 또한 놀라운 속도로 성장했다. 이러한 까닭은 협동조합이 많은 노동자들의 힘으로 만들어지기에 노동력의 성장과 발전에 따라 그 속도가 달라지기 때문이다. 그리고 산업의 발전은 노동력의 발전을 촉진시키지만 협동조합에서 그 노동력이 쓰이는 방향은 고용주의 이익만이 아닌 노동자 스스로의 운명을 개척하는 쪽으로도 향하는 것이다. 그리하여 산업혁명의 여파가 상대적으로 느렸던 프랑스 안에서도 가장 산업이 발전한 빠리 및 지방도시에서 협동조합의 발전 속도가 빨랐고, 농업 중심의 노르망디에서는 그 속도가 더디고 각 협동조합들은 산개하여 커다란 협동 구조를 형성하지 못했다고 한다.

그러면 협동조합은 자본주의 경제체제가 변하거나 무너지면 협동조합도 공도동망(共倒同亡)하는 운명일까? 뿌이쏭은 그렇지 않다고 했다. 왜냐하면 자본주의는 작은 산업이 집중되어 큰 산업과 부문으로 발전하는 경로를 택하지만 협동조합은 그 발전경로가 아주 다양하기 때문이다. 협동조합은 자본주의 기업과 같이 경제적 조건을 개선하기 위해 시작되지만 일단 어느 정도의 발전을 이루면 그 확장력은 다른 길을 택하게 된다. 사람들의 결사체이기에 협동조합은 경제적 동기로만 움직이지 않고 사회 정의와 같이 더 넓은 사회적 동기가 작용하기 때문이다. 협동조합의 길은 좁은 경제적 길이 아닌 인간의 발전을 위한 넓은 길이다. 그래서 노동력이 집중된 도시에서 가장 번성하지만 곧 그 촉수는 생활의 각 영역으로 퍼져나가고, 농촌에서도 생산자들이 만든 협동조합이 그들에게 부족한 서비스를 조직하기 위하여 소비협동조합을 만들기도 한다.

그러니 협동조합은 자본주의의 토양 위에서 첫발을 떼지만 그 체제에 갇혀 자라고 성장하지 않는다고 할 수 있다. 위에서 언급한 조직의 법칙과 진화의 법칙은 자본주의의 발전경로와는 다른 스스로의 길을 내는 자생력이자 적응력이다. 협동조합의 발전 동력은 자본주의의 그것과는 다르기 때문이다.

《협동조합공화국》 원본(2쇄)

1920년에 에르네스트 뿌아쏭이 쓰고 유명한 출판인 베르나르 그라쎄(Bernard Grasset)가 편집했다. 그라쎄가 프랑스 출판계에 끼친 영향은 지대하며 현재 대표적인 출판사 중 하나로 꼽힌다. 당시 신진 작가들의 저서를 널리 유통시키고, 문학광고와 언론보도 등을 처음 도입했다. 출처:사회박물관

4장. 협동조합공화국의 가설

    A) 가설

    B) 가설의 결과

    C) 가설과 협동조합운동의 조직법과의 일치

    D) 협동조합공화국 가설의 실현에 있어 잠재된 한계

    E) 협동조합공화국 실현의 지적, 도덕적 조건

2부 : 협동조합공화국의 결과

1장. 경제적 관점 : 새로운 경제 이론 – 생산을 조직하는 소비

    A) 새로운 경제 이론 : a) 두 가지 본질적 기능 b) 소비의 경제와 생산의 경제 c) 생산과 소비 두 시스템은 상호 배타적이지 않다 d) 두 시스템을 어떻게 비교할 것인가?

    B) 현재 사회는 생산에 지배받고 있다 : a) 이윤 경쟁 b) 생산을 위한 생산 c) 부의 분배는 생산의 기능 d) 소비자의 이익의 종속 e) 생산자의 이익과 노동자의 이익

    C) 소비자 주권 : a) 사회적 필요와 개인의 이익 b) 자유경쟁과 상부상조 c) 생산을 조직하는 소비

    D) 공익과 경제적 진보를 위한 협동조합공화국 : a) 공익 b) 경제적 진보 c) 사회 복지

2장. 사회적 관점 : 협동조합은 본질적으로 사회주의적이다

    A) 어떤 면에서 협동조합은 사회주의적인가?

    B) 협동조합주의와 사회주의의 차이점 : a) 이상을 실현하기 위한 전통적 사회주의의 구상 b) 근본적인 통일성 안에서의 다양한 사회주의 사상 c) 정치적 사회주의와 경제적 협동조합의 확실한 차이점 d) 정치적 사회주의와 경제적 협동조합 사이에서 있을 수 있는 차이점

    C) 협동조합공화국은 그 자체로 충분하나 만사에 대한 답은 아니다 : a) 정치적 사회주의의 관점에서 본 협동조합 b) 사회주의의 집권과 협동조합

3장. 사회의 법적, 정치적, 도덕적 관계의 측면에서의 협동조합공화국

| 법적 관점 |

    A) 법적 전환 : 협동조합과 소유권 : a) 협동조합공화국은 소비자들의 사적 소유에 기초한다. b) 협동조합의 나눌 수 없고 양도할 수 없는 집단적 소유 c) 소비자들의 사적 소유가 사회의 집단적 소유를 대체한다.

5. 경제민주화의 길을 낸 협동조합공화국

사회유토피아를 가졌던 19세기 협동조합의 선구자들은 협동의 생활공동체 모델을 만들고 확산하여 사회를 개혁하고자 했다.

하지만 에르네스트 뿌아쏭은 다른 상상력을 가졌던 듯하다. 협동조합의 눈부신 발전을 보았고, 제1차 세계대전을 겪으며 국가라는 것이 다른 국가의 식민지가 되어 나라를 잃을 수도 있다는 것을 알게 되었으며, 1917년의 러시아혁명을 보며 한 사회가 '다른' 나라를 세울 수 있음을 보았기 때문일까? "공화국은 사회적이어야 한다"고 주장한 그의 이상은 사회개혁을 넘어 참다운 민주공화국을 열망하며 협동조합을 그 열망을 실현하기 위한 매트릭스로 간주했다. 다른 사회를 만들기 위해서라도 반쪽짜리 공화국은 온전한 공화국이 되어야 하며, 그 길을 내기 위한 경제 민주화는 우회할 수 없고 넘어야 할 산이라 믿었기 때문일 것이다.

그래서 저자는 "사회 문제의 본질이 무엇인가?"라는 질문으로부터 시작한다. 사회 문제를 말할 때 보통 여러 '사회 문제들'을 말하는 데 정작 바로 그 '사회' 자체의 문제는 건드리지 않는다는 것이다. 그리고 그 사회의 문제는 바로 경제의 문제에서 비롯되기에 협동조합공화국의 전망을 세웠다.

이러한 문제의식에 기초하여 뿌아쏭은 협동조합에 대한

불필요한 이념적 논쟁을 불식시키고, 협동조합이 새로운 사회 건설의 이념이자 수단이 될 수 있도록 전망을 제시한다. 하지만 단지 신념과 가치의 측면에서 접근하지 않고 협동조합의 현실에 기초하여 대안이 될 수 있는 법칙을 제시한다. 또한 협동조합을 정치적 과제가 아닌 사회경제적 과제를 해결하는 방안으로 정립함으로써 협동조합에 대한 과도한 기대도 차단한다. 그리고 다른 이념이나 운동(마르크시즘 등)과 대립하거나 경쟁하는 것도 아니라는 점을 분명히 하여 사회 변화를 추구하는 타 운동과 접점을 모색했다. 현재도 여전히 협동조합운동에 무관심하거나 그 가능성을 낮추어 보는 노동운동이나 사회운동 세력들이 있기에 그의 노력은 여전히 의미 있다고 생각된다.

21세기에도 여전히 갑질로 고통 받는 많은 피고용인들의 비참한 소식이 들리고, '죽지 않고 일할 권리'를 요구하는 노동자들의 외침이 울려 퍼지고, 단식과 고공농성으로 일자리를 지키고 노동권을 보장받으려는 몸부림이 계속된다. 민주사회에서 노동은 여전히 예속되어 있고 때로는 하인처럼, 때로는 노예처럼 부림을 당하는 현실이다. 그러하기에 협동조합공화국으로 정치 민주화만이 아니라 경제 민주화를 추구한 협동조합 선구자들의 이상을 다시 새겨볼 필요가 있을 것이다. 온전한 공화국의 주인으로서 살아가는 국민이 되기 위하여.

6장

1980년,
다음 세기를 준비하는 협동조합운동의 비전 보고서
《서기 2000년의 협동조합》

사람들은 열 살이 된 아이에게 "너는 꿈이 뭐니?"라고 종종 묻곤 한다. 또는 스무 살이 된 청년에게 "너는 나중에 어떤 직업을 가지고 싶어?"라고 물어본다. 하지만 70이 된 노인에게는 미래의 꿈도, 장래의 직업도 더 이상 묻지 않는다. 대신 칠순의 노인에게도 묻는 질문이 있다. "남은 생을 어떻게 보내고 싶어요?" 중년의 나이만 되어도 무엇이 되고 싶은지는 묻지 않는다. 하지만 그에게도 여전히 '이제 어떻게 살까?'라는 질문이 남아 있다. 물론 요즘엔 '인생이모작'이 대세이긴 하지만….

그렇다. 고목나무에도 새 잎이 돋아나듯 노인의 인생에도 아이와 청년의 인생이 깃들어있다. 그래서 70년을 살아온 그대로 오늘을 살 수 없고, 70년을 잘 살았으니 내일도 잘 살리라는 보장도 없다. 우리는 매일매일 새로운 생을 맞이한다. 어쩌면 꽤 오래 살았기에 하루의 무게는 어린아이의 그것보다 더 크게 다가올 수도 있을 것이다.

협동조합의 인생도 그러하다. 새로이 설립된 협동조합은 처음에 세운 뜻을 어떻게 실현할지 늘 고민이고, 30~40년 된 협동조합은 신규 조합원들과 오래된 조합원들이 갈등을 일으키지나 않을지 걱정이다. 연식에 따라 고민은 다르지만 다 나름의 걱정이 있고 고민도 많아진다.

고목에 새 잎이 나듯 300년이 지난 협동조합의 역사에도 새로이 태어나는 협동조합이 있다. 그 어린 협동조합이 길을 잘못 들면 어쩌나, 좀 커서는 한때의 어리석은 선택으로 망가지지는 않을지, 잘 나가다가도 새로운 사업한다고 돈을 마구 끌어다 써서 잔뜩 빚지고 쫓겨 다니지는 않을지…. 사람의 생애주기만큼 협동조합의 생애주기도 때마다 도전이 있고, 조심해야 할 위험이 있고, 넘어야 할 산이 있다. 그래서 어느 순간에는 멈춰 서서 호흡을 가다듬고 돌아보아야 한다. 돌아보아야 내다볼 수 있기 때문이다.

1980년, 제27차 ICA 대회에 제출된 레이들로 보고서는 협동조합 인생에 잠시 멈춰 서서 돌아보며 나는 잘 살고 있는지 물어보고, 또 앞으로는 어떻게 살아야 할지 던지는 고민이다. 왜냐하면 1970년대는 고난을 겪고 성장한 협동조합에게 오늘도 어제처럼, 내일도 오늘처럼 '렛잇비Let it be'를 부를 수 없는 시대였기 때문이다. 그러니 1981년에《서기 2000년의 협동조합》이라는 제목으로 출간된 레이들로 보고서는 협동조합운동의 역사를 돌아보며 시대가 던지는 질문에 답하면서 협동조합 전체가 공동의 미래를 모색하자는 비전 보고서라 할 수 있다.

필자는 2000년에 김동희 선생이 번역한 원고를 다듬는 역할을 했다. 그때는 아직 협동조합의 어린이였기에 그 의미를 제대로 파악하지는 못했다. 하지만 본격적으로 협동조합을 실천하고 공부하고 연구하면서부터 이 책을 놓은 적이 없다. 아직도 살아있어 내게 큰 가르침을 주고 나를 일깨우며 여전히 많은 영감을 준다. 당시에 출판된 책을 보며 오탈자를 수정하기도 하고 메모를 써 넣기도 하며 손때가 묻었다.《협동조합공화국》과 더불어 협동조합의 명저로 꼽을 만큼 어느 한 곳 버릴 데가 없는 이 책의 진가를 함께 찾아보기로 하자.

《서기 2000년의 협동조합》
필자가 보관하고 있는 초판으로 2000년 7월21일에 (사)한국협동조합연구소에서 출판되었다. 김동희선생이 번역했는데 당시 원고지에 번역문을 써서 보내주어 필자는 원본과 대조하여 확인하고 문장을 매끄럽게 하는 작업을 담당했다.

1. 불안한 시대, 협동조합의 운명은?

먼저 이 보고서는 1979년에 ICA의 요청으로 작성되었다는 점에 주목할 필요가 있다. 그건 당시의 상황이 엄중했기 때문이며, 단지 가난한 나라나 부자 나라, 혹은 어떤 지역이나 대륙에만 해당되지 않는 전 지구적인 차원에서 협동조합이 마주한 공통의 운명이 있었기 때문이다. 그래서 협동조합 운동 전체가 함께 문제의식을 공유하고 대책을 마련할 필요가 있었다. 또한 1970년대 말에 21세기를 바라보며 새로운 비전을 수립하기 위해 준비했다는 것은 그만큼 세계가 빨리 변하기 때문에 단기적인 전망으로는 충분하지 않다고 판단했기 때문일 것이다.

그러면 부문과 유형을 불문하고 전 세계적으로 모든 협동조합이 함께 인식하고 공유해야 할 문제는 무엇이었을까? 18세기, 그 어려운 산업혁명기에 가진 것 없고 배운 것 없는 노동자들이 스스로 운명을 개척하고자 시작한 협동조합. 아무것도 없는 사람들이 서로 도와 해방을 열망했기에 가능했을 것이다. 이어진 사회불안과 전쟁의 기운이 퍼졌을 때는 사회 평화와 세계 평화의 운동이 되고자 국제 협동조합운동을 구축하면서 시대의 위기에 대응했다. 그 결과 제1차 세계대전이 발발했을 때 국민에게 식량을 보급하며 조직된 힘을 보여주면서 '협동조합공화국'의 이상을 가질 정도로 성장했다. 제2차 세계대전의 와중에는 파시즘과 나찌에 대항하는 저항군을 지원하고, 대전 후에는 전후 복구에 앞장서며 복지국가 건설의 초석을 다지는 데 기여했다. 그 덕분에 협동조합은 평화의 운동으로 국제기관의 신뢰를 얻어 유엔과 국제노동기구[10]의 든든한 협력자가 되었고, 각국 차원에서도 법과 제도를 마련하면서 협동조합 육성의 토대를 마련했다. 그렇게 세상은 평화를 구가하는 듯했고, 협동조합도 시장과 국가의 발전과 더불어 성장하면서 조직력을 확대하고 각 부문으로 확산되었다.

그런데 세상이
이상하게 돌아가기 시작한다

전후 '영광의 30년'은 눈부신 성장 뒤에 많은 모순을 감추고 있었다. 대량생산, 대량소비의 경제체제와 사회문화는 삶의 터전인 지구를 파먹고 자란 괴물이었다. 영광의 30년이라지만 이미 60년대 초부터 시작된 베트남 전쟁과 이어진 '68 혁명'의 소용돌이는 이미 경제위기를 예고하고 있었다. 하지만 아직 정신 못 차린 각국의 위정자들과 경제계는 성장 신화에 눈이 멀어 마침내 '오일 쇼크'라는 거대한 위기를 초래했다. 눈부신 성장은 무분별하게 채굴한 석유와 자연자원이 조달되었기에 가능했다. 하지만 석유는 곧 고갈될 것이라는 경고 신호(오일 피크)가 떴다. 게다가 이 자연자원은 남미의 가난한 국가들이 공급한 것이었는데, 이 국가들은 전후 복구와 경제개발을 위해 선진국의 차관을 제공받는 대신 값싼 원재료로 빚을 갚아야 하는 조건을 받아들여야 했다. 그래서 산천을 다 헤치며 자기들 삶의 터전을 파괴하여 생태위기를 초래했다. 이뿐 아니라 선진국들은 값싼 원재료를 기반으로 생산한 비싼 공산품을 남미와 아프리카, 아시아 등 남부의 가난한 국가에 팔아 막대한 이익을 취한 반면, 남부 국가들은 늘어나는 채무를 감당하기 어려워 만성 적자에 시달려 경제위기를 맞았다. 공정무역이 등장한 것도 이때다.

그런데 경제위기가 어디 그것만으로 끝날까? 시장의 발전에 기대어 세금을 징수하며 이룩한 복지국가의 금고는 점점 비어갔고, 시장의 구조조정으로 쫓겨난 실업자들은 다시 돌아갈 자리가 없게 되면서 사회에서 점차 배제되기 시작했다. 국가도 시장도 이들을 거두지 못하면서 '산업예비군'이라는 실업자를 양산하기 시작했고, 실업수당조차 받지 못하고 더 이상 졸라 맬 허리띠조차 없게 된 많은 실업자들은 가정이 파탄나면서 거리로 나앉게 되었다. '사회적 배제social exclusion' 라는 용어가 생긴 것도 이때다. 세상에 생태위기, 경제위기, 사회위기라는 삼중고가 닥친 것이다. 빠져 나갈 구멍이 없는 막다른 골목이다.

그 와중에도 전쟁의 망령은 사라지지 않았다. 2차 세계대전이 끝난 후 거의 모든 식민지국가들이 독립했지만 베트남은 여전히 프랑스와 전쟁을 치렀고, 프랑스가 물러난 후에도 60년대 들어서는 미국과 그 동맹국들이 간섭하면서 국제전이 벌어졌다. 70년대는 전 세계적인 경제위기와 더불어 각국 차원에서 사회 갈등이 심각한 시기였다. 레이들로 박사가 ICA의 요청으로 보고서를 준비하던 당시 1979년 12월에는 소련이 아프가니스탄을 침공하여 제3차 세계대전이 발발하지 않을까 하는 불안이 급속히 퍼져나갔다. 제27차 ICA 대회 예정지가 모스크바였음에도 소련은 침공을 감행했으니 사회 평화와 세계 평화를 위해 설립된 ICA로서는 크게 유감스러웠을 것이다. 지금 이 글을 쓰고 있는 2021년 8월에도 아프가니스탄은 여전히 내전을 겪고 있고, 중동의 국가들은 평화의 시대를 살지 못하고 있다. 레이들로 박사는 70년대 들어 급격히 변화하는 세계를 보며 다가 올 80년대를 "불확실성의 시대", "문명의 기둥이 흔들리고 있는 시대"로 표현한다.

"전 세계 대부분의 지역에서 80년대의 전망은 어둠에 쌓여 있는 것같이 보인다. 많은 주요국가의 경제는 악화되고 있으며 몇 나라의 경제는 이미 수렁에 빠져있다."(p. 15)

"1980년대에 들어와서 사람들은 오래 정박하고 있던 항구에서 배의 닻줄이 끊어져 불확실성이라는 바다 위를 헤매고 있

는 듯 보인다. 현대는 문명의 기둥이 흔들리고 있는 시대라
할 수 있다."(p. 16)

그래서 레이들로 박사는 이 광기어린 세계에서도 협동조
합은 "온전한 정신을 가진 섬islands of sanity"이 되자고 했다. 남들
이 장에 간다고 '거름지게 지고 장에 간다'는 말이 있다. 세
상이 미쳐 돌아가는데 그 안에 살고 있는 협동조합이라고 별
수 있겠는가? 정신 똑바로 차리고 살지 않으면 세상 따라 갈
것이다. 하지만 차가운 세상은 따듯하게 살아야 하듯이, 세상
은 미쳐도 협동조합은 온전한 정신으로 살아야 한다. 시대를
거슬러 가자는 말이 아니라 어디로 가는지도 모르고 무작정
따라가지 말고 제 갈 길을 찾아 가자는 말이다. 협동조합의
길, 협동조합다운 길을 찾는 것이 온전한 정신으로 사는 길
일 것이다.

이 말에 대해 한참을 생각해보았다. 협동조합에게 온전한
정신이란 무엇인지, 또 그런 정신을 가지면 어떻게 운영해야
하는지. 온전함이란 본디 그대로의 모습이다. 다른 누구와 비
교하여 크고 작고, 잘나고 못나고를 따지지 않는 것이다. 그
러니 온전한 정신이란 '제정신'을 말한다. 결국 온전한 정신
을 가진 섬이 되자는 말은 세상 따라 남 따라 가지 말고 협동
조합의 본디 모습을 알고, 제가 생긴 이유를 알아 운영하자
는 뜻이다. 이 세상에서 협동조합이 필요했던 이유는 무엇이

고, 그것은 또 어떤 꼴을 가져야 할까? 이 질문의 답을 찾기 위해 레이들로 박사는 "협동조합 사상에 담겨 있는 교의"가 필요할 것이라 했다.

그런데 그때, 협동조합은 뭘 하고 있었지?

위기와 혼란의 시대, 협동조합은 무엇을 했던가? 특히 많은 노동자들이 해고되고, 해고된 노동자들이 노숙자가 되고 사회에서 배제되어 비참한 삶을 살아가고 있던 때, 협동조합은 무엇을 했는지 묻지 않을 수 없다.

19세기 먹고살 것이 없어 굶주림에 시달리는 사람들이 태반이었던 시기 협동조합은 빈곤과 기아를 극복하기 위해 힘썼지만 또한 협동조합은 결사체가 탄압을 받던 시기 결사의 자유를 위해 저항을 서슴지 않았다. 문맹을 퇴치하고, 아동노동을 금지하고, 성차별을 없애고, 모두가 교육 받을 수 있는 권리를 확보하는 데 협동조합운동은 누구보다도 앞장섰으며 탄압 받았지만 살아남았다. 그렇게 아무것도 없는 사람들이 스스로 운명을 개척하여 해방되는 경험을 하게 했던 협동조합들이 위기의 시대에 '창건자들의 전통을 계승'하여 협동조합의 '사회적 책임'을 다했을까? 이 질문에 대하여 주저 없이 답하기는 어렵다. 특히 전국적인 규모를 가질 만큼 성장했고 시장에서의 경쟁력을 가지며 안정적인 운영을 구가하던 협동조합들은 당시 사회의 고통에 적극 응답하지 않았다. 반면 당시에 지역의 작은 풀뿌리단체들과 환경운동, 여성운동, 종교운동, 농민운동 단체들은 적극적으로 나섰다. 노숙자들에게 숙소를 제공하고, 시장에서 멀어진 장기 실업자들을 위해 취업과 일자리 지원 사업을 하고, 이러한 활동을 지지하는 시민들의 참여를 조직하며 돈을 모아 연대금융을 만드는 등 무수히 많은 연대적인 활동이 활발히 일어났다. 하지만 크고 안정적인 협동조합들과 공제조합들은 나몰라라 하지는 않았지만 그렇다고 사회적 배제 계층들의 고통을 나의 고통으로 여기며 내 일처럼 발 벗고 나서지는 않았다. 여전히 돈을 벌고 세금을 내면 국가가 알아서 이들을 챙기겠지 하는 안일한 태도를 보였다.

사회에서 배제되어 가장 고통 받는 사람들의 옆에 서고자 하는 새로운 움직임은 오히려 많은 시민사회운동과 시민의 지지를 얻은 반면, 오래된 협동조합들은 오히려 더욱 시장 경쟁력을 얻기 위하여 일반 기업처럼 구조조정하고 인수합병하며 더욱 더 협동조합에서 멀어지는 '탈협동화'의 길을 재촉했다.

그래서 레이들로 박사는 물었다. "협동조합이 다른 종류의 기업과 마찬가지로 상업적 의미에서 성공한 것 이상 이룬 것이 없다고 하더라도 그것으로 충분한 것인가?" 라고.

2. 협동조합의 사주팔자

《서기 2000년의 협동조합》을 읽어본 사람들이나 들어본 사람들 대부분이 기억하는 구절이 있다. 바로 1장에 나오는 협동조합의 세 가지 발전단계 혹은 세 가지 위기를 언급한 부분이다. 마치 어떤 법칙이라도 외우듯 '신뢰성의 위기, 경영의 위기, 이념의 위기'를 떠올리며 협동조합에게 닥칠 운명의 시나리오를 예견하곤 한다.

하지만 번역서 발간 당시 2000년과 그 이후 레이들로 보고서는 협동조합 운동가들 사이에서 공부하는 자료로 활용되었지만 레이들로 박사가 제기한 문제의식과 제안에 대한 진지한 토론이 활발히 이어졌다고 보기는 어렵다. 왜냐하면 우선 한국 협동조합운동의 역사가 그리 오래되지 않았고, 그나마 일제강점기 후 제대로 된 협동조합운동은 1970년대에나 시작되었다고 볼 수 있으니 겪을 것 다 겪고 나서 던지는 이런 질문이 쏙 와 닿지 않았을 것이다. 게다가 번역서 발간 당시에는 지금처럼 협동조합기본법이 제정되기 전이었기에 협동조합 수가 절대적으로 적었다. 또한 특별법으로 존재하던 다수의 농협·수협·축협은 "무늬만 협동조합"이라는 비판을 받고 있었다. 건강한 협동조합운동으로 시작했던 신용협동조합도 1997년의 외환위기 이후 위기를 겪고 있었으며, 그나마 건강한 협동조합으로 인식되었던 소비자생활협동조합은 1986년 한살림에서 시작하여 95년에야 법이 제정되어 한참 조직을 건사하기에 여념이 없던 시절이었다. 그러하기에 대중적으로 협동조합운동의 목적과 방향에 대해 작정하고 진지하게 토론하는 문화가 조성되기엔 이른 시기라고 해도 무방할 것이다.

물론 일제가 왜곡한 협동조합 제도가 도입되었고, 해방 후 개발독재시대에는 개발의 도구가 된 협동조합이 다수를 차지하고 있던 한국 협동조합운동의 현실에 개탄을 금치 못한 개혁가들이 있었다. 하지만 그 또한 "무늬만 협동조합"들이 대세인 한국 협동조합의 상황을 어떻게 바꿀 것인가가 당면한 과제였을 것이다.

그러니 어쩌면 《서기 2000년의 협동조합》은 20년이 훌쩍 지나, 협동조합의 규모화가 어느 정도 이루어졌고, 협동조합 결사체의 설립이 자유로와진 지금의 우리에게 더욱 의미가 있을지도 모르겠다. 특히 기본법 제정 이후 "협동조합이 우후죽순으로 생겨나고 있다"는 우려 섞인 기사가 자주 등장하고, "지원을 바라고 협동조합을 설립한다"는 비판이 끊임없이 들리며, 실태조사에서 "개점 후 휴업상태"인 협동조합이 반 이상이라는 보도가 나오는 상황에서 한국 협동조합운동 진영은 레이들로 박사가 던진 질문을 피할 수 없을 것이다.

협동조합도 삼재를 겪는다

협동조합은 만들기 어렵고, 만들고 나서 운영하기는 더 어렵다는 말을 하곤 한다. 작으면 작은 대로, 크면 큰 대로 어려움이 다 있다. 그런데 어찌어찌 고비를 넘기고 살 만하다 싶으면 예상치도 못한 문제가 드러난다. 처음엔 서로 잘 알고 너나 할 것 없이 발 벗고 나섰는데, 조합원도 늘고 조직이 커지다 보면 생각지도 못한 갈등이 일어나기도 한다. 게다가 사업이 확대되고 규모가 커지면 조합원들이 경영 상황을 다 파악하기 어려워 시나브로 무관심해지기도 한다. 혹은 경영은 실무자나 전문가 등 고용한 사람들에게 맡기고 알아서 하려니 하다 보면 어느새 엉뚱한 방향으로 가있기도 한다. 이런 내부적인 문제도 있지만 경제 상황이나 정치적 변화 등 외부적인 요인에 영향을 받기도 한다. 그렇게 풍파를 겪다 보면 왜 협동조합을 하려고 했는지, 그 길을 제대로 가고 있는지 '멈추면 비로소 보이는 것들'이 보이지 않을 수 있다.

레이들로 박사의 '협동조합의 세 가지 위기'는 협동조합의 역사적 단계별로 겪는 위기이기도 하지만, 하나의 협동조합이 가진 사주팔자를 요약한 것일 수도 있다. 태어나서는 인정받지 못하는 신뢰성의 위기credibility crisis, 좀 자라서는 갈팡질팡 좌충우돌하는 경영의 위기managerial crisis, 그리고 다 커서는 존재의 이유와 삶의 목적이 뭔지 헷갈리며 방황하는 이념의 위기 ideological crisis 이다. 사주팔자에 빗대어 말하자면 신뢰성의 위기는 초년의 운이고, 경영의 위기는 청년의 운이며, 이념의 위기는 중년의 위기다. 물론 운이라는 것을 바꿀 수 없는 숙명으로 받아들일 필요는 없다. 하지만 사람도 처한 환경과 조건에 영향을 받고, 사람도 자신의 습(習)을 쉽게 바꿀 수 없듯이, 협동조합도 사람의 일인지라 자신의 습을 쉽게 바꾸어 환경과 조건을 뛰어넘기는 어려울 것이다. 게다가 아무리 협동조합의 역사가 오래되었을지라도 먼저 간 협동조합의 모든 지혜를 품고 신규 협동조합이 탄생하지 않기에 선배들의 전철을 밟지 않고 지나가기는 어렵다.

신뢰성의 위기 : 몰라서 안 한다

먼저 초년에 닥칠 신뢰성의 위기는 협동조합을 잘 몰라서 사람들이 안 하려고 하거나, 조합원이 되려고 하지 않아서 겪는 어려움이다. 특히 협동조합기본법이 제정된 지 얼마 되지 않은 한국의 경우 아직 이 신뢰성의 위기를 극복하지 못한 단계이다. 사실 우리나라의 많은 사람들이 농협을 통해 거래하고 '하나로마트'에서 장을 보지만 내가 협동조합과 거래하고 협동조합의 물건을 산다는 생각을 하지는 않는다. 그냥 'NH'라는 간판을 달고 있는 은행과 가게의 고객일 뿐이다.

이뿐 아니라 사람들은 보통 사업이라는 것이 어떤 전문적인 자격과 기능을 가지고 있거나 자본이 있어야 가능한 일이고, 사업가의 기질이 있어야 성공할 수 있다고 생각한다. 그래서 협동조합도 기업이니 내가 이용은 하지만 같이 만들 엄두는 내지 못한다. 우리나라의 경우 소상공인 창업이 흔한 일이라서 비교적 두려움이 적지만 특히 유럽의 경우 월급쟁이가 보통 사람들의 경제활동 수단이니 더욱 어려운 일이라고 한다.

보고서 IV장의 '3. 교육의 경시'에서 인용한 괴테 선생의 말처럼 "사람들은 누구나 자신이 알지 못하는 것은 소유하려 하지 않는다."(p. 95) 협동조합을 설립하고 조합원이 되는 것은 자신이 주인이 되는 과정이다. 그런데 협동조합을 잘 모르면서 어찌 만들고 주인노릇을 하려고 하겠는가? 이러한 까닭에 협동조합의 다섯 번째 원칙인 '교육, 훈련, 정보제공'은 이 신뢰의 위기를 극복하기 위해서 꼭 필요한 원칙이다. '아는 것이 힘이다'라는 말이 괜히 생겼을까.

경영의 위기 : 제대로 안 한다

청년운인 경영의 위기는 협동조합에 대한 섣부른 판단 혹은 '미숙함'으로 인해 겪는 어려움을 말한다. '좋은 뜻을 가지고 친한 사람들끼리 만들었으니 잘 되겠지'라고 생각했는데 막상 문 열고 나면 별일이 곳곳에 복병처럼 포진해있고 밟는 것마다 지뢰다. 관련법과 제도에 대한 무지, 행정과 회계 지식의 부족, 분명 이용한다고 했는데 코빼기도 보이지 않는 조합원들, 함께 하자고 해놓고 "나는 그냥 도와줄게" 하며 한 발 물러서는 발기인과 설립동지들, 민주적으로 운영하겠다고 의견 묻고 회의하고 토론하니 결론은 나지 않고 서로 상처만 받고 틀어지는 관계 등…, 무슨 부귀영화를 누리겠다는 것도 아닌데 적립은 꿈도 못 꾸고 출자금만 까먹고 있다 보면 '내가 이러려고 협동조합 했나' 하는 자괴감이 든다.

그렇다. 협동조합은 시도하지 못할 전문가의 일도 아니지만 그렇다고 아무나 아무렇게나 해도 되는 일도 아니다. 그렇다고 꼭 많이 배우고 잘난 사람이 협동조합을 잘 하는 것도 아니다. 일반 기업을 운영해봤다고 협동조합을 잘 하리라는 법도 없다. 협동조합은 협동조합의 경영이 있다.

협동조합의 역사를 돌아보면 경영의 위기를 초래하는 요소를 많이 찾아볼 수 있겠지만 그 핵심은 협동하여 운영하지 않는다는 것이다. 그것이 어떤 방식으로 드러나느냐면 첫째, 일반 기업의 운영논리로 협동조합을 하는 경우다. 이 경우 노동자들이나 조합원들은 대표에게 의지하고 자신들은 그저 시키는 일이나 하겠다며, 참여하거나 책임지지 않는다. 둘째, 조합원들이 이용을 하지 않거나 사업 실적이 부실할 때 사람 탓 세상 탓을 하는 경우이다. 사람들이 이기적이어서 협동을 싫어한다. 바쁜 세상에 참여하고 협동해서 운영할 시간이 없다. 그래서 적자가 나도 반성하지 않고 협동조합에게 불리한 세상과 협동에 미숙한 사람 탓으로 돌리고 마는 경우이다. 하지만 가장 중요한 원인은 협동조합의 특성에 대한 이해 부족으로 원칙을 잘 지키지 않는 것이다. 민주적인 운영을 하려면 의논하고 회의하느라 시간이 많이 드니 비효율적이라는 생각, 조합원이 주인이니 조합원이 하는 말은 다 들어주어야 한다는 생각, 혹은 조합원들은 내가 주인이니 내 말을 들어주어야 한다는 생각, 여유가 있어야 교육과 훈련을 할 수 있다는 생각, 경영 전문가가 있으면 알아서 할 거라는 생각 등. 오랜 협동조합의 역사에서 만들어진 금과옥조 같은 원칙이 있음에도 그건 그저 잘 될 때나 지킬 수 있는 것이지 지금 당장 나부터 시작하여 우리가 함께 만들고 지켜야 할 공동의 약속으로 여기지는 않는다. 그 결과 다수의 외면과 방조 속에서 권위 있는 한 사람의 독단적인 판단으로 부실을 초래하기도 하고, 의사소통 문제로 갈등을 빚어 관계가 깨져 탈퇴하기도 하고, 내가 주인이라고 총회에서 결정 난 사항도 지키지 않고 내 마음대로 하는 조합원들로 인해 파국으로 치닫는 경우 등, 이 모든 것이 경영의 위기가 드러나는 양상이다.

주인됨, 민주적 운영, 참여와 이용, 교육, 공동 자산 등 이 모든 것은 협동의 다른 말이다. 협동관계를 형성하고 협동구조를 만들어 협동운영을 유지할 때 협동조합의 경영은 안정되고 지속가능해진다. 그래서 성공하는 협동조합의 경영 비결은 7원칙을 제대로 지키며 운영하는 협동조합이다. 협동조합들은 사업의 실패를 거듭하며 협동조합의 경영, 아니 협동조합다운 경영의 토대를 닦기 시작했다. 참신한 인재를 영입하여 경영 혁신을 이루고, 협동조합 점검제도를 도입하여 민주적 운영과 지속가능한 경영의 기반을 닦고, 일반 기업을 따라하거나 그들의 장점을 무조건 수용하지 않고 협동조합에 맞게 적용하고, 돈이 없어도 교육하기 위해 다른 협동조합들과 상호부조하면서 위기를 극복해왔다.

3. 협동조합, 머시 중헌디!

이제 초년과 청년기를 지나 중년에 이르러 좀 편하게 살아볼까 하는데 생각지도 못한 위기가 찾아온다. 앞만 보고 달려온 인생인데 왜 허무할까? 열심히 살았는데 왜 자식들은 날 원망할까? 그것이 바로 이념의 위기이다. 레이들로 박사는 이렇게 표현한다.

"협동조합의 참된 목적은 과연 무엇인가, 그리고 협동조합이 차별적인 사업체로서 명백히 독자적인 역할을 수행하고 있는가라는 끈질긴 의구심에서 비롯된 것이다. 협동조합이 다른 종류의 기업과 마찬가지로 상업적 의미에서 성공한 것 이상 이룬 것이 없다고 하더라도 그것으로 충분한 것인가? 만약 협동조합이 다른 형태의 기업과 똑같은 사업상의 기술과 방법을 사용한다고 하면 그 자체로 조합원의 지지와 충성을 획득하는 충분한 명분이 될 수 있을 것인가? 더욱이 만약 세계가 이상한 방향으로 또는 때때로 당혹스러운 방향으로 변화할 때 협동조합이 그러한 길을 따라가야 하는가? 그렇지 않고 다른 길을 선택하여 다른 종류의 경제적·사회적 질서를 새로 창조해 가면 안 되는 것인가?"(p. 6~7)

레이들로 박사의 이 질문에 누구는 이렇게 반문할 수도 있다. "이 어려운 세상에서 상업적으로 성공하는 건 뭐 쉬운 줄 아나? 그 정도면 잘한 거지 뭘 더 바래?", "조합원들은 그저 좋은 물건 제공해주고 서비스 좋으면 만족한다. 그래서 계속 이용하면 그게 충성이지 뭐가 충성이냐", 혹은 "우리 조직 하나 건사하기도 어려운 세상인데 남들 걱정 사회 걱정 같은 배부른 소리 할 때가 아니다. 그건 정치인들이나 할 일이지."

사실이 그러하고 일리 있는 말씀이다. 사업적으로 성공하는 것도 노력 없이는 안 되고, 참된 목적이 있다고 사업이 성공하라는 법은 없다. 특히나 성공보다는 실패가 더 많은 경쟁 시장에서 살아남았다는 것만으로도 장한 일이다. 하지만 인생의 위기가 예고 없이 찾아오기도 하듯 잘나가다가도 한 방에 훅 갈 수 있다. 10년의 성공이 다음 10년의 성공을 보장해주지 않는다. 그러하기에 평소에 체력을 기르고 면역력을 키워 위기 대처 능력을 길러야 한다. 나이 들면 면역력이 떨어져 병들 위험은 높아지고 나을 가능성은 낮아지지만 앞서 말했듯 고목에도 새잎이 나야 사는 것이다.

레이들로 박사가 이런 질문을 던지며 불확실성의 세계에서 온전한 정신을 가진 섬이 되자고 한 데는 훨씬 깊은 성찰이 깔려 있다. 당시의 시대 상황은 엄중했고, 협동조합의 역사에서도 커다란 사건이 벌어지는 시점이었다. 당장 눈앞에는 보이지 않는 것도 긴 역사적 안목으로 보면 일어날 일을 예측할 수 있다.

레이들로 박사의 진단은 얼마 안 가 현실로 증명되었다. 《위기의 시대:1990년경의 소비자협동조합들과 그들의 문제》*는 그러한 역사를 증거한다. 이 연구는 오스트리아 연구자 두 명이 다른 나라의 연구자들과 협력하여 유럽 9개국(스웨덴, 이탈리아, 스위스, 영국, 프랑스, 오스트리아, 독일, 이탈리아, 네덜란드)과 일본의 소비자협동조합운동 100여 년의 역사를 다룬다.

이 책은 참 사연이 많다. 왜냐하면 애초 이 연구를 하려고 한 까닭은 1985년 당시 오스트리아 소비자협동조합의 상황이 심상치 않아 보여 진단을 통해 경각심을 가지게 하고 싶

---

* Johann Brazda, Robert Schediwy(1989) 《A time of crises, consumer co-operatives and their problems around 1990》, ICA.

었던 것이다. 이미 몇 년 전에 네덜란드와 벨기에의 소비자 협동조합운동에서 보였던 문제가 오스트리아에서 드러났으며, 프랑스의 경우에는 더욱 치명적인 타격을 입는 일도 있었다. 북유럽 국가의 상황도 마찬가지였다. 그래서 저자들은 각국의 구조적인 유사점을 찾아 위기의 원인을 찾아내어 위기를 탈출하고 쇄신할 수 있는 전략을 모색하고자 했던 것이다.

연구 결과는 1989년에 ICA에서 발간되었다. 저자들은 오스트리아 소비자협동조합연합회 콘줌 외스터라이히Konsum Österreich의 경영진들과 조합원들에게 위험을 알리고 싶었지만 헛수고였다. 그들은 오히려 이미지를 실추시킨다고 비난했고, 독일어판은 팔리지 않았으며, 급기야 1988년에는 콘줌 외스터라이히 경영진이 오스트리아판을 매입하기에 이르렀다. 그리고 7년 후 콘줌 외스터라이히는 지급불능을 선언했다.

보고서는 애초 다음과 같은 연구목적으로 실태조사와 분석에 기초해 작성되었다. 1)특정한 경제적 의존성이 어떻게 극복되었는지 그 메커니즘과 더불어 협동조합 성공의 요소가 된 새로운 의존성에 대한 분석 2)협동조합 설립 과업을 맡은 구성원들의 초기 열정의 역할이 고려되어야 하며, 역동성 상실, 위계화, 조직 경화증 등 최근 협동조합 발전에서 보이는 문제 고려 3)구성원 참여의 긍정적인 측면뿐 아니라 일부 부정적인 측면 고찰

연구의 목적에서 보듯, 이 책은 한 마디로 소비자협동조합의 경영 전략과 실행, 그리고 그에 따른 결과를 분석한 연구이다. 경영의 역사적 탐구라고나 할까? 그런데 연구 결과를 보면 이 연구를 진행한 근본적인 목적은 다른 데 있음을 유추할 수 있다. 사실 80년대는 소비자협동조합의 위기가 감지된 시기였다. 그런데 거대해지고 복잡해진 시스템에 문제가 생겼을 때 어디서부터 어떻게 감당해야 할지 가늠하기 어렵다. 그렇게 불안한 기운이 감도는 가운데 일종의 진단 성격으로 진행되었던 것이다. 아니나 다를까! 이미 너무 늦어버린 경우가 많았다. 파산, 구조조정, 매각 등 80년대 중반은 유럽의 거대 소비자협동조합 조직에게 격변의 시기였던 것이다.

　하지만 이 책의 의의는 충분하다. 우선 사례연구이지만 역사적인 접근을 통하여 현재에 이르게 된 연유를 밝히는 중요한 근거를 제공하고 있다. 특히 사업체로서의 협동조합과 사람들의 결사체로서의 협동조합간의 현실적인 갈등이 어떻게 드러나는지 잘 보여주며, 단기적인 측면에서 이룬 성과가 장기적인 측면에서는 해악이 될 수 있음을 보여주면서 길고 넓은 안목을 갖게 해준다. 그래서 많은 시간이 지났지만 이 연구를 통해 우리는 레이들로 박사가 굳이 이념의 위기를 들어 직면하려 한 까닭에 공감하게 된다.

4. "오직 뜻만이 까닭을 가르친다"

참된 목적을 가지고 온전한 섬이 되기 위하여 협동조합은 어떤 선택이 가능할까? 이 질문은 사회유토피아와 현실적인 기업 모델 사이에서 줄다리기를 했던 협동조합운동의 역사를 소환한다. 하지만 레이들로 박사는 힘겨루기를 멈추고 회피할 수 없는 현실을 직시하며 미래를 준비하자고 제안한다. 길은 하나가 아니라 여러 갈래이지만 선택은 해야 한다. 그리하여 그는 먹거리, 고용, 소비와 생태, 협동조합의 역할, 그리고 마지막으로 협동조합이 만들 지역사회 등 네 분야에서 우선과제를 제시한다.

제1의 우선과제는 세계적 기아의 극복이다. '사람은 다 제 먹을 것은 갖고 태어난다'고 하지만 여전히 남부의 많은 나라에서는 기아로 허덕이거나 굶어죽는 이들이 많다. 전쟁과 기후위기로 인한 식량난민들은 세계 각지에서 괄시받으며 떠돌고 있다. 공정무역은 이러한 문제를 해결하기 위해 남부 국가의 생산자들과 노동자들과 손잡고 벌이는 민중교역이다. 비단 남부의 가난한 나라 얘기만은 아니다. 우리 주변에는 아직도 끼니를 챙겨먹지 못하는 아이들과 줄서서 무료급식을 기다리는 노인들이 많다. 로버트 오언을 존경한다면 그가 뉴라나크에서 아동노동을 금지하고, 유치원을 만들어 아이들을 교육하며, 소비자협동조합으로 그 아이들을 먹여 살리고 교육했던 협동마을 또한 기억해야 할 것이다.

제2의 우선과제는 인간적이고 생산적인 일자리 마련이다. '위험의 외주화'로 목숨을 잃는 청년, 비대면으로 늘어난 주문을 감당하느라 사고를 당하고 길에서 쓰러지는 택배기사들, 코로나로 넘치는 환자를 돌보다 쓰러지는 간호사들, 부족한 농촌 일손과 외국인 노동자들 학대…. 단지 정규직과 비정규직 문제가 아니다. 안전하고 건강한 사회와 삶의 터전을 지키기 위한 일자리는 점점 줄어들고 있다. 노동자들을 위해 노동자가족공동체 파밀리스테르를 건설한 기업가 고뎅을 기억한다면, 곡물위기 때 농민들을 위해 빵분배위원회를 만들고 가축을 대출해준 라이파이젠을 기억한다면 협동조합이 만들 수 있는 일자리는 많다. 더욱 인간적이고 생산적이며 삶의 터전을 지키는 그런 일자리들이.

제3의 우선과제는 보전자사회conserver society를 위한 협동조합의 역할이다. 북부의 잘 사는 나라들의 소비자가 안전한 먹거리 공급과 유기농업을 발전시키는 일은 아주 중요하다. 이와 더불어 우리의 소비가 누군가의 환경을 해치고 삶의 터전을 파괴하여 얻어진 결과라면, 길거리에 기름을 철철 뿌리며 대기엔 탄소 뿜뿜 뿜으며 배송된 먹거리라면, 이중삼중 포장으로 물건만큼이나 쓰레기를 배출하는 제품이라면 'No!'라고 할 수 있는 협동조합인들이 되어야 할 것이다. 이 세 번째 우선과제는 기후위기 시대에 협동조합이 더욱 집중하여 지혜를 발휘해야 할 숙제이다.

마지막으로 제4의 우선과제는 협동조합 지역사회의 건설이다. 협동조합 7원칙이 '지역사회에 대한 관여와 관심, 참여의식'이 된 것은 우연이 아닐 것이다. "협동조합의 위대한 목표는 드넓은 도시 내에 수많은 커뮤니티를 세우고 마을을 창조하는 것이어야 한다."(p.130) 그리고 "주민들이 쉽게 다닐 수 있는 하나의 협동조합 서비스 센터에 각각의 기능을 가진 조직들을 함께 수용할 수 있을 것이다."(p.131)라고 했다. 캐나다의 건강협동조합은 이미 이런 실천을 하고 있다. 한 건물에 건강협동조합이 들어서고, 약사, 안과, 치과, 물리치료, 보정기구 등 관련 서비스 직종들이 들어와 협업체계를 이루고 있다.* 일본의 노동자협동조합연합은 '지역과의 협동'이라는 모토로 "노동자와 일터가 위치한 지역의 주민이 함께 지역을 만들어가는 '동반자'로서 접근한다."**

이 모든 과제는 협동조합의 선구자들이 했던 일이며 현재 전 세계의 다양한 협동조합들이 실천하거나 실험하고 있는 일들이다. 한국의 협동조합들도 그 길로 가고 있다. 레이들로

---

* 김신양 역(2019), '퀘벡의 보건의료 분야에서 건강협동조합과 사회적경제기업의 경험 : 보건서비스 경영의 지배구조 및 시민과 노동자의 책임과 참여', CITIES, 서울시사회적경제지원센터.

** 김정원(2020), '사회적경제의 노동관에 대한 탐색적 문제제기로서 협동노동', 《한국 사회적경제의 거듭남을 위하여》, p. 324.

박사가 말한 협동조합 지역사회의 건설은 협동조합의 입장에서 지역사회를 보라는 것이 아니라 지역사회의 자리에서 협동조합을 보라는 뜻이라 생각된다. 이미 세계화된 세상에서 협동조합이 무언가를 실현할 수 있는 무대는 지역사회이다. 작은 지역사회에서 협동조합 복합센터를 만들고, 협동의 마을을 만들어, 그 작은 것들이 서로 관계를 맺고, 다른 곳에 반향을 불러일으킨다면 그것이 세계화 시대를 살아가는 방법일 것이다.

놀랍게도 레이들로 박사는 1981년, 영국의 마가렛 대처 수상이 "더 이상 대안은 없다There is no alternative, TINA"를 선언하면서 신자유주의가 본격화되기 이전에 이미 도래할 시대를 예견하며 협동조합의 방향과 과제를 제시했다. 그러하기에 이 보고서의 의의는 비단 협동조합 운동에 한정되지 않는다. 왜냐하면 신자유주의 세계화가 미처 시작하기도 전에 시대적 인식에 기반하여 현재를 진단하고 미래를 준비한 역사적인 글로써 단지 협동조합 분야뿐 아니라 사회적으로도 큰 가치가 있기 때문이다. 또한 세계화 시대에 '다른 세계화는 어떻게 가능한가?'라는 질문에 대하여 협동조합 지역사회라는 이상과 거기에 이르는 과정 및 방법론을 제시함으로써 협동조합 간의 협동뿐 아니라 사는 곳에서 대안의 근거지를 만들 수 있는 경로를 보여준다. 더 나은 세상은 지금 여기 내가 살고 있는 곳에서 나의 먹고사는 문제와 떨어져 생각할 수 없다. 그러하니 현재 진행되는 다양한 사회적경제 진영에 시사점을 줄 수 있을 것으로 판단된다.

그러니 이 좋은 것을 협동조합만 알고 있기엔 너무 아깝지 않은가?

변하다 정체성

7장

1991년,
협동조합 가문의 막둥이,
사회적협동조합

300년이 넘은 협동조합의 역사에서 가장 최근에 일어난 역사적인 사건을 꼽으라면 단연코 사회적협동조합의 탄생이라는 데 이의를 제기할 사람은 없을 것이다. 그만큼 사회적협동조합은 이탈리아에서 시작되어 엄청난 전파력을 가지며 짧은 시간에 세계로 확산되었다. 게다가 사회적협동조합은 협동조합에 대한 고정관념을 깰 만큼 파격적인 형태와 운영방식을 가진다. 어찌나 파격적이었던지 이탈리아에서 기존의 협동조합들이 협동조합으로 인정할 수 없다고 할 정도였다.

사회적협동조합의 중요성은 협동조합의 영역을 넘어선다. 1990년대 중반부터 본격적으로 연구되어 2000년대 초부터 전 세계로 확산된 사회적기업의 모델이 된 것 또한 이탈리아의 사회적협동조합이기 때문이다. 2006년 12월에 제정되어

2007년에 발효된 한국의 '사회적기업육성법' 또한 이탈리아의 사회적협동조합을 모델로 삼았다.

이런 측면에서 보면 이탈리아의 사회적협동조합은 피자와 파스타에 버금갈 정도로 이탈리아의 대표상품이 되었다고 할 수 있다. 하지만 피자와 파스타도 무수한 변주가 일어나듯 사회적협동조합 또한 각 나라에 따라 쓰는 재료가 각양각색이고 이름도 다양하게 현지화되었다. 포르투갈에서는 '사회연대협동조합social solidarity cooperative', 스페인에서는 '사회서비스협동조합social service cooperative', 프랑스에서는 '공동체이익협동조합(공익협동조합SCIC)' 등으로 불린다. 물론 한국에서는 창의성을 발휘하지 않고 곧이곧대로 '사회적협동조합'이라고 쓰기는 하지만….

앞의 모든 설명들은 사회적협동조합의 탄생이 협동조합 역사의 한 장을 차지하기에 충분한 명분을 제공한다. 하지만 이런 의미와는 별개로 사회적협동조합의 탄생과 성장에 얽힌 사연은 그야말로 눈물 없이는 들을 수 없는 인간 승리, 아니 '협동조합 승리'의 과정이기에 더 매력적으로 다가온다. 사회적협동조합의 유년기는 '어둠의 자식들'이었으며, 청소년기는 아버지를 아버지라 부르지 못한 홍길동의 운명이었다. 또 그 모든 압박과 설움을 견디고 성년기가 되었을 때는 온 집안과 온 동네의 보살핌을 받는 막둥이의 인생이었다. 그래서 그 인생 역정을 알아야 사회적협동조합을 제대로 이해할 수 있다.

1. 궁하면 통한다 : 필요가 낳은 새로운 형태의 협동조합

이탈리아 사회적협동조합^{cooperative sociali}이 태어난 해는 1963년이며, 출생지는 북부 롬바르디아 지방 브레샤^{Brescia}시의 토르미니^{Tormini}다. 아버지는 쥬제페 필리피니^{Giuseppe Filippini}인데, 사실 그가 고아나 버려진 아이들, 또는 어려움에 처한 미성년자들을 위하여 '꼬뻬라티바 산 쥬세페^{cooperativa San Giuseppe}'를 설립할 때 그것이 사회연대협동조합의 시작이며, 훗날 사회적협동조합이라는 청년으로 성장할지 몰랐을 것이다.

많은 기독교 국가들이 그러했듯 이탈리아 또한 과거에는 종교단체와 그 단체 소속 신도들의 단체가 병들고 가난한 사람들을 돌보고 구호하는 역할을 해왔다. 지금의 복지관이나 병원의 기능을 담당한 것이다. 이들 조직이 이후 자선단체나 자원봉사단체를 만들어 독지가들의 기부와 시민의 자원봉사를 조직하며 보건·복지 서비스를 제공해왔다. 필리피니씨 또한 많은 자원봉사자들과 함께 "덜 가진 자, 무엇보다도 소수인 자"들이기에 사회적 도움을 받지 못하는 이들을 돌보는 활동을 했다. 하지만 자원봉사의 형태로는 지속적이고 안정적인 서비스를 제공하기 어려워 협동조합을 설립하기로 한 것이다. 당시 자원봉사활동을 하는 단체는 결사체나 재단의 형태로 이루어졌는데, 이 두 형태로는 한계가 있었다. 이탈리아법에 따르면 결사체는 상시적인 임금노동자 고용이 금지되었고, 재단은 서비스 제공이 허용되지 않았기 때문이다.

그러니 그의 선택지는 협동조합이었고, 그 선택은 옳았다. 하지만 이 새로운 협동조합 방식의 성공은 70년대 중반까지 그다지 주목받지 못했고, 따라하는 데도 없었다. 그러다가 70년대 초의 경제위기 이후 악화된 사회경제적 상황으로 새로이 관심을 끌며 본격적으로 확산되기 시작했다. 복지국가는 위기를 맞았고, 실업은 증가했으며, 아픈 사회만큼이나 아픈 사람들도 늘어나 약물중독자와 정신장애인도 증가하기 시작했다. 이렇듯 70년대와 80년대에 이탈리아는 전혀 새로운 차원의 사회 문제에 봉착했는데, 그 문제를 직면하고 대응해나갔던 것은 국가도 시장도 아닌 자원노동 부문이었다. 그리하여 70년대 중반부터 자원봉사 조직들이 협동조합으로 변신하기 시작하여 80년대에는 그 수가 엄청나게 늘어났으며 다른 지방까지 퍼져나갔다.

2. 협동조합의 고정관념을 깬 사회적협동조합

사실 필리피니 씨가 만든 사회연대협동조합뿐 아니라 사회적협동조합의 기원이 되는 초기 형태는 두 개가 더 있었다. 하나는 '생산노동통합협동조합integrated production/work coop'으로 장애인과 비장애인이 연대의식을 가지고 결속하여 함께 일한다. 노동자들은 자신의 기술과 능력에 따라 기여하지만 동일한 급여를 받는 모델이다. 다른 하나는 '사회서비스협동조합social service coop인데, 이 협동조합은 정부의 보건사회서비스 축소로 일자리가 줄어든 분야에서 교육자와 사회복지사와 같이 전문적인 자격을 갖춘 노동자들이 설립한 유형이다. 이 두 형태와 필리피니 씨가 만든 사회연대협동조합 유형은 자원봉사자, 노동자, 이용자들이 함께 설립하여 조합원들이 아닌 비조합원들에게 사회서비스와 돌봄서비스를 제공하는 모델이다.

이 세 가지 형태를 보면 각각이, 1991년에 사회적협동조합이라는 명칭으로 법이 제정되었을 때 나타나는 세 유형(A형, B형, A+B형)의 모델이 되었음을 알 수 있다.(Ianes, p. 10)

궁하면 통한다고, 이렇게 사회적협동조합의 초기모델 세 쌍둥이는 내용도 형식도 파격적이었다. 아무리 협동조합이 사회적인 목적을 가진다지만 협동조합 조합원들이 아니라 비조합원들을 위한 서비스를 제공한다니! 조합원들의 상호편익이 목적이 아닌 지역사회 공익을 목적으로 추구한다니! 이것은 협동조합 존재이유에 대한 파격이었다. 비록 협동조합이라는 기업은 이윤 추구가 궁극적인 목적은 아니지만 그래도 '조합원에 의한, 조합원을 위한' 기업으로서 존재해왔기 때문이다. 그런데 파격은 여기서 끝나지 않는다. 심지어 협동조합을 소유하는 주인도 다양하다. 이른바 '다중이해당사자'multi-stakeholder' 구조로서 임금노동자, 자원봉사자, 서비스 이용자까지 다 조합원이 되어 함께 소유하며 경영하는 모델이다. 지역사회 공익 추구, 다중이해당사자 구조, 이 두 가지 요소가 이후 사회적협동조합이라는 새로운 협동조합의 주요한 특징이 되었다.

이렇게 볼 때, 사회적협동조합은 전통적인 협동조합 유형에서 노동자협동조합, 소비자협동조합, 사업자협동조합이 결합된 협동조합 모델에 자원봉사자들로 이루어진 결사체가 결합된 모델이라 할 수 있다. 협동조합의 목적과 형태, 양 측면에서 확장된 혁신적인 모델이지만 당시는 그것을 혁신으로 보지 않고 일탈이나 기형으로 보았으니 온갖 차별과 멸시를 받았을 것이다. 심지어 협동조합 가문에서조차 조합원들의 자주적이고 독립적인 조직인 협동조합의 정체성에 먹칠을 한다고 비난한 이들이 있었다. 협동조합으로 인정받는 것조차 어려웠던 미운 오리새끼였던 것이다.

3. 사회의 인정을 받기 위한 10년간의 피, 땀, 눈물

이런 몰이해와 부정에도 불구하고 사회적협동조합의 세쌍둥이들은 무럭무럭 자랐다. 특히 사회적협동조합의 발전에 견인차 역할을 한 것은 시민사회단체의 전통과 중소기업가

문화가 발달한 롬바르디아의 브레샤를 중심으로 한 기독교 사회주의 세력이었다. 그 자신 기독교 활동가였던 필리피니 씨는 가톨릭계 협동조합연합회인 꼰프꼬뻬라띠브^{ConfCooperative} 에 새 협동조합의 특성을 소개하며 지원을 호소했다. 그리 하여 꼰프꼬뻬라띠브는 전 기민당 의원인 지노 마타렐리^{Gino} ^{Matarelli}에게 새로운 협동조합들의 혁신적인 시도를 지원하고 통합하며 제도적으로 인정받도록 법 제정 추진을 맡겼다. 그 런데 사회서비스를 제공하고 조합원이 아닌 외부인이 서비 스의 수혜자가 되도록 하는 협동조합을 기존의 협동조합법 에 짜 맞추기는 어려웠다. 그리하여 1981년 이 새로운 형태 의 협동조합 실천방식에 적합한 법적 틀을 마련하기 위하여 필리삐니 씨와 스칼비니^{Felice Scalvini} 씨[*]가 법안을 작성하여 국 회에 제출하였다. 당시 이 법안을 지지한 기민당 소속 상원 의원이 의회에 제안하였으나 실제 법안이 통과되는 데는 10 년이 걸렸다.

이 와중에도 꼰프꼬뻬라띠브의 지원 프로그램 덕분에 많 은 자원봉사 조직이 사회연대협동조합으로 전환했고 새롭게 설립되는 곳도 늘어났다. 그리하여 또 하나의 혁신이 이루어 진다. 이탈리아 사회적협동조합의 4번째 유형이 되는 사업 연합인 컨소시움^{consorzi}의 탄생이다. 1983년에 최초의 컨소

---

* 90년대 중반 꼰프꼬뻬라띠브 회장 역임.

**사회적협동조합의 아버지,
쥬제뻬 필리피니**

2017년에 그의 업적을 기리기
위하여 발간된 책의 제목. 원문
은 《Giuseppe Filippini, il padre
delle cooperative sociali》이다.
출처: https://www.giornaledibrescia.
it/sala-libretti/la-vita-di-giuseppe-
filippini-in-un-libro-1.3162207

시움인 솔코^Sol.Co가 설립되어 롬바르디아 지방의 사회연대
협동조합을 통합하고 발전시키는 역할을 했다. 또한 컨설팅
과 훈련을 제공하며 공공부문과의 파트너십 형성에도 기여
했다. 그리고 4년이 지난 1987년에는 이후에 생긴 지역 컨
소시움을 아우르는 중앙의 컨소시움인 CGM이 설립되었고,
사회연대협동조합의 전국연합조직인 페데르솔리다리에타
^Federsolidarieta가 구축되어 669개의 회원 협동조합을 아우르게
되었다. 이제 사회연대협동조합은 더 이상 어둠의 자식도, 미
운 오리새끼도 아니었다. 그리하여 90년대에 이르러 이 혁신
적인 협동조합 모델을 다루는 저널 '임프레자 소찰레^Impresa
sociale'가 발간되면서 사회적기업이라는 용어의 기원이 된다.

하지만 법 제정의 어려움은 풀리지 않았다. 왜냐하면 사회
적협동조합은 기독교계 협동조합만의 것이 아니었기 때문이
다. 소위 좌파계열의 협동조합연합회인 레가코프의 상은 조

금 달랐다. 그들은 노동문제를 중심에 두는 사회적협동조합을 구성했으며, 그리하여 자원봉사자들의 참여는 최대 40%로 제한하고 더 많은 임금노동의 자리를 만들어야 한다고 주장했다. 또한 꼰프꼬뻬라띠브는 지역성과 인간적인 관계를 유지하기 위한 작은 규모를 중시하고, 이 작은 규모의 한계는 컨소시움을 통해 협동조합간의 협동을 강화하고 협상력과 경쟁력을 기르는 전략이 적합하다고 판단했다. 반면, 레가코프는 되도록 큰 규모를 만들어야 한다고 생각했다.

두 연합회의 주장이 다르니 법이 통과되기 어려웠다. 그런데 이런 교착상태를 푸는 실마리는 중앙이 아닌 지방에서 발견된다. 협동조합 전통이 강한 북부의 트렌티노 지방에서 1988년에 세 가지 형태의 새로운 협동조합을 인정하는 법 24호를 공표했던 것이다. 지역 시민사회의 역할이 컸지만 특히 제3섹터라는 커다란 우산 아래 한데 모이자며 87년부터 열렬한 활동을 벌였던 보르자가Carlo Borzaga와 레프리Stefano Lepri 교수의 기여가 컸다. 지노 마타렐리의 뒤를 이어 CGM의 수장이 된 스칼비니씨는 트렌티노 지방의 선구적인 법제정과 보르자가 교수의 제3섹터론에 자극을 받아 필리피니씨와 더불어 적극적으로 법제정에 나섰다. 그리하여 2차 사회연대협동조합 총회에서 새로운 협동조합이 "행정당국을 위해 일하지 말고, 행정당국과 함께 일하는 관계를 만들고, 그 안에서 사회적 불이익자들은 사회정책의 대상이 아니라 주체가 되어야 한다."고 연설했다(스칼비니, 1991).

그리하여 문제가 되었던 자원봉사자 비율은 최대 50%로 제한하는 것으로 합의를 보았다. 하지만 또 다른 문제는 사회적 불이익자들의 참여 비율이다. 레가코프는 최소 50%는 되어야 한다고 주장했다. 그리하여 결국 단위 사회적협동조합은 하나의 유형이 아니라 두 유형으로 하고, 사회적 불이익자들의 노동통합을 목적으로 하는 유형은 최소 30%를 사회적 불이익자들의 참여로 운영되어야 한다는 대안이 제시되어 타협이 이루어진다.

이렇게 1981년부터 1991년까지 10년을 꼬박, 설명하고 전파하고 이해시키고, 공론의 장을 만들어 토론하고 줄다리기를 하고, 협상과 타협을 거쳐 마침내 1991년에 법이 제정되었다.

4. 실천의 경험이 고스란히 담긴 법

이탈리아 사회적협동조합에서 우리를 놀라게 하는 것 중 하나는 1991년에 제정된 법의 정신과 구성이다. 20년 이상의 실천이 있은 후 제정되었으며, 법 제정을 추진하고서도 10년이 지나서야 통과가 될 정도로 우여곡절을 겪어서 그런지 사회적협동조합법은 참으로 현실을 잘 반영하고 있는 듯하다. 밥도 뜸을 들여야 맛있는 것처럼 이렇게 매사에 뜸을 들여야 제대로인가 보다.

법은 우선 사회적협동조합의 목적을 "인간의 발전과 시민들의 사회통합과 같은 지역사회 공익을 추구한다"고 정의하고 있다. 서비스 제공과 노동통합의 활동을 영위하지만 그것은 수단이며 궁극적인 목적은 인간의 발전과 시민들의 사회통합이라는 지역사회 공익임을 분명히 한다.

두 번째로 법은 사회적협동조합의 발전과정을 잘 반영하여 A형과 B형뿐 아니라 복합형, 그리고 무엇보다도 개별 사회적협동조합의 약점을 보완하며 지속가능할 수 있도록 지원하는 사업연합인 컨소시움도 하나의 유형으로 인정한다. 컨소시움은 법제정 이전부터 작은 규모의 사회연대협동조합을 대신하여 협상하고 입찰에 나서 사업을 따오는 등 규모의 경제를 실현할 수 있는 중요한 사업지원조직의 역할을 했다. 그래서 사회적협동조합의 독특한 협동구조는 법 안에 그대로 반영되어 연속성이 보장되었다.

셋째, B유형과 관련해서 법은 사회적협동조합이 노동통합을 지원하는 대상자를 '사회적 불이익자socially disadvantaged'로 명명한다. 이들은 지체장애인, 정신 및 청각 장애인, 정신병원 환자 경력자, 정신과 치료중인 자, 약물중독자, 알코올중독자, 어려움을 겪는 가정의 18세 미만 청소년(경제활동 연령), 수감형 대신 노역형이 인정된 자 등이다. 이들을 빈곤층이나 취약계층vulnerable class으로 부르지 않고 사회로부터 이익advantage을 덜 받아서 어려움에 처하게 된 사람들로 여긴다. 그래서 이들을 다시 사회로 통합하게 하는 의무는 사회에 있으며, 이러한 목적을 추구하기 위해서는 지역사회의 다양한 이해당사자들이 협동함으로써 가능하다는 의미를 내포하고 있다.

마지막으로 가장 감동적인 조항은 B유형과 관련한 '사회적 목적'에 관한 조항으로 "기업의 문화와 운영에 있어 노동의 가치가 더 높은 사회적 질에 이르도록 한다는 기본 원칙에 근거한다"고 되어 있다. 즉, 사회적협동조합은 노동이라는 매개를 통하여 인간의 발전을 꾀함으로써 궁극적으로는 사회 전체의 질적 향상을 추구한다는 것이다. 이를 실천하고 점검하기 위하여 법은 네 가지 지표를 제시한다. ①사람의 치유를 위한 행동 ②사용되지 않고 낭비되고 인정되지 않은 인적·물적 자원의 회복과 생산적 이용 ③제품과 서비스의 질, 생산방법의 질, 작업장 및 노동자간 관계의 질 ④ 정보 제공 및 교육훈련, 관계의 민주성, 권리 존중과 개인의 기량 강화를 내용으로 하는 협동의 질. 위 지표를 통해 볼 수 있듯이 사회적협동조합은 사회적 목적을 기능주의 중심이 아니라 사람의 치유와 존중, 그리고 생명과 살림의 가치를 가지고 협동을 위한 관계를 중심에 놓고 있다. 즉, 개인을 고려하면서도 끊임없이 협동의 관계를 발전시키기 위해 노력하고 있음을 알 수 있다.

이탈리아 사회적협동조합 법(N. 381, 1991년 11월 3일)

● 정의

사회적협동조합은 다음과 같은 활동을 통해 인간의 발전과 시민들의 사회통합과 같은 지역사회 공익을 추구한다.

a) 사회, 보건, 교육서비스 운영

b) 사회적 불이익자들을 고용할 목적으로 농업, 공업, 상업 및 서비스 사업 등의 다양한 활동을 수행

● 사회적협동조합의 유형

① A유형 : 사회, 보건, 교육 서비스 제공을 목적으로 함

② B유형 : 노동력의 최소 30% 이상이 사회적 불이익자들로 구성되며 노동통합을 목적으로 함

③ A+B 복합형

④ 사회적 컨소시움 : 사회적협동조합이 최소 70% 이상을 구성하는 협동조합

● 조합원의 유형

① 협동조합 조합원(cooperative members) : 조합에 출자하며, 노동을 제공하거나 서비스를 이용하거나 사업의 운영 및 조직의 목적을 추구하는 데 참여하는 사람들

② 자원봉사 조합원(voluntary member) : 노동을 제공하지만 그에 따른 급여를 받지 않는 이들로서 전체 조합원 수의 50%를 넘지 않아야 한다. 그러나 활동의 수행에 실제 들어간 비용은 이사회가 정한 한도에 따라 증빙서류를 제출하는 경우 환급 받을 수 있다. 사회적협동조합의 재정 및 사업발전을 제공하는 공기업과 사기업도 조합원으로 참여할 수 있다.

③ 재정 조합원(financing member) : 협동조합에 자본을 투자하나 그로부터 서비스 제공을 받지 못하는 조합원으로서 개인이나 개발을 목적으로 한 금융기관 등과 같은 기업이 해당된다. 그들의 자본은 기술투자, 기업 구조조정이나 확장 등에 사용될 수 있다.

※ 출처: Fulvio Mattioni, Domenico Tranquilli, 《Social entrepreneurs : the italian case》, "per l'Impresa Socile" D'anselmi Editore, 1998.

5. 법 제정, 그 이후

보건사회 및 교육 서비스를 주로 제공하는 A유형의 활동 영역은 재가도우미, 사회교육 및 비영리단체센터, 치료공동체, 탁아소, 요양소 등이며 B유형은 농업, 녹지공간 관리, 목공, 인쇄와 제본, 전산, 세탁, 청소와 방역, 수공예 등이다.

사회적협동조합은 양적인 측면뿐 아니라 매출에서도 성장을 보이고 있다. A유형의 경우 대부분 지방정부 소관의 공적 서비스 제공기관을 위탁 운영함으로써 안정적인 활동을 하고 있다. B유형의 경우는 장애인 의무고용제의 실효성을 높여줌으로써 일반 기업과의 협력강화로 운영 안정화를 이루어냈다. 이탈리아의 경우에도 1968년에 도입된 장애인 의무고용법이 있었으나 대부분의 기업이 의무고용을 이행하는 대신 범칙금을 부담함으로써 법의 실효성이 떨어졌다. 이러한 상황에서 노동통합형 사회적협동조합이 장애인들에게 교육훈련을 제공하여 직업생활 편입을 용이하게 함으로써 의무고용 대상 기업이 쉽게 고용할 수 있게 되어 일반 기업에게 그 유용성을 인정받았다.

사실 법 제정 이전에도 이미 아주 많은 사회적협동조합이 설립되어 운영되고 있었다. 1985년에는 650개, 법 제정 바로 전 해인 1990년에는 1,800개로 추산된다. 70년대 중반 이후 확산되었으니 약 15년 동안 1,800개가 비영리법인에

사회적협동조합의 수와 인적자원(2001~2011)

	2001	2003	2005	2011
A유형	3,259	3,707	4,345	×
B유형	1,827	1,979	2,419	×
A+B복합형	232	249	315	×
컨소시움	197	224	284	×
전체	5,515	6,159	7,363	11,264
자원봉사자	24,451	31,879	34,626	42,368
임금노동자	×	189,134	244,223	320,513
A유형의 이용자	2,112,153	2,403,245	3,302,551	×
B유형의 사회적 불이익 계층	18,692	23,587	30,141	×

출처: 1. Le cooperative sociali in Italia(anno 2001), ISTAT 2. Table 1,2 'Exploring the origins of social enterprise : social cooperation in the italian welfare system and its reproduction in Europe(2016)에서 재구성.

서 전환하거나 신규 설립되었다. 연 평균 120개 정도가 설립된 셈이다. 법 제정 후의 수치를 보자. 93년 2,180개, 94년 2,312개, 95년 2,834개, 96년 3,857개, 97년 4,400개로 4년간 2,200개가 증가하여 연평균 550개가 설립되었다[*]. 2001년에서 2011년 사이의 통계를 봐도 증가세는 비슷하다. 실로 어마어마한 성장이다. 이 추세라면 2021년 말인 지금쯤은 대략 16,000개가 존재할 법하다.

---

[*] Mattioni F., Tranquilli D., Da svantaggiati a imprenditori, ANCST-Lega Coop e D'anselmi Editore, Roma, 1998.

6. 협동조합의 사회성과 민주성을 강화하는
   사회적협동조합

사회적협동조합이 이탈리아에서 시작되었다는 것을 알고 있는 사람은 많지만 어떻게 이탈리아와 같이 복지서비스가 충분하지 않은 국가에서 발전할 수 있었는지 의문을 가져본 이들은 별로 없을 것이다. 그건 아마도 이탈리아를 협동조합 강국으로 여기기 때문일 수 있다. 그런데 돈 안 되는 공익을 추구하는 협동조합을 비롯한 사회적경제 조직이 발전하기 위해서는 제도적 지원이 충분하고 선진적인 복지제도 환경이 조성되어야 한다는 편견을 많이 가지고 있기 때문에 이런 질문은 의미가 있다고 할 수 있다. 그리고 사회적협동조합은 이런 사람들의 편견이나 고정관념을 깨트린 소중한 경험이다.

1980년에 레이들로 박사는 "공익성을 띠는 부문에서 정부의 예산감축으로 많은 이들이 협동조합 방식으로 조직화될 것이다"라고 예견한 바 있다. 실제 그 당시 이미 사회적협동조합이 태동하여 발전하고 있었고, 1991년의 법제정은 이웃 나라에도 많은 영향을 미쳐 새로운 협동조합이 만들어지는 계기가 되었다. 그리하여 사회적협동조합은 이탈리아의 사회적협동조합의 명칭이지만 '공익 목적을 가지는 다중이해 당사자 구조'의 협동조합을 모두 아울러 사회적협동조합의 유형으로 보게 되었다. 이런 까닭에 이탈리아의 사회적협동조합은 영국의 소비자협동조합, 프랑스의 노동자생산협동조합, 독일의 신용협동조합, 북유럽의 농민협동조합과 더불어 협동조합의 대표적인 모델로 간주된다(Alberto Ianes, 2016).

하지만 사회적협동조합의 의미는 단지 하나의 새로운 모델을 발견했다는 데 그치지 않는다. 오히려 주목해야 할 것은 사회적협동조합으로 인하여 생긴 협동조합 내의 지각변동이다. 많은 다른 유형의 협동조합들이 사회적협동조합의 다중이해당사자 지배구조의 필요성을 느끼며 전환을 시도하고 있다. 대부분의 협동조합들이 임금노동자를 고용하여 실무나 경영의 책임을 맡기고 있으나 이들은 대표성이 없기에 이해가 제대로 반영되지 않아 갈등이 생기는 일이 빈번하기 때문이다. 특히 대규모 협동조합의 경우 실무노동자들의 비중과 역할이 크기에 공동의 파트너로서 관계를 변화시키는 것이 필요하다는 의견이 있다. 이뿐 아니라 사회적협동조합의 개방성으로 인하여 기부나 자원봉사, 공적 지원 등 다양한 자원을 동원할 수 있는 장점이 있기에 사회적 목적성이 강한 협동조합들에겐 매력적인 모델로 여겨진다.

게다가 사회적협동조합은 사회가 점점 복잡해지고 사회의 변화발전에 따라 기후 위기, 에너지, 평화, 국제 연대, 인권 등 어느 한 주체의 조직만으로는 해결할 수 없는 문제들이 늘어나는 상황에서 다양한 이해당사자들의 협치와 협동을 가능하게 하는 모델로서 각광받고 있다. 이탈리아의 경우에도 재

정 조합원으로 지자체가 참여하기도 하고, 예컨대 프랑스의
공익협동조합인 철도협동조합^{Railcoop}에는 지자체 및 지자체연
합이 조합원으로 참여하여 출자함으로써 2022년에 동서를
가로지르는 철도를 개통할 예정이다.[*]

　이런 상황을 고려할 때 사회적협동조합은 협동조합의 막
내지만 협동조합의 가능성과 상상력을 확장해주고 새로운
지평을 열어줄 복덩어리일 수도 있다. 어느 한 집단이 주도
하지 않고 두루두루 참여하여 함께 돌보는 협동조합 모델이
기에 더욱 사회적이고 더욱 민주적인 협동조합의 길로 안내
해줄 것이라 믿는다.

---

* https://www.railcoop.fr/

8장

1995년,
국제협동조합연맹,
'협동조합의 정체성'을 선언하다

　협동조합을 설립하는 사람이라면 누구나 한 번쯤은 받는 교육이 협동조합의 정의와 가치, 그리고 7대 원칙이다. 이것을 일컬어 '협동조합의 정체성cooperative identity'이라고 한다. 그러니까 협동조합의 정체가 뭔지 알고 싶으면 이것부터 알아야 한다는 것이다. 물론 아직도 많은 협동조합의 조합원들이 협동조합의 정체성이 뭔지 모른 채 가입하거나, 여전히 모른 채로 남아있다. 그래도 협동조합을 조금 알거나 비교적 활발하게 조합원 활동을 하는 사람들은 협동조합의 정체성이 ICA가 설립된 지 100주년이 되던 해인 1995년에 선포되었다는 것쯤은 알고 있다. 물론 그들 중에서도 정의를 읊어보라면 갑자기 말문이 막히거나 엉뚱한 답을 하는 경우가 왕왕 있지만….

그런데 우리가 협동조합을 잘 알고, 잘 하기 위해서 협동조합의 정체성에 대해 배우기는 하지만 정작 그 정체성이 어떻게 만들어졌으며 또 어떤 의미가 있는지에 대해서는 그다지 궁금해하지 않았던 듯하다. 하지만 생각해보자. ICA가 정체성을 선언했다는 것은 저 북반구의 잘사는 나라든 남반구의 아프리카든 세계 어디서나 '협동조합은 이런 거야'라고 하는 공통의 언어가 생겼다는 뜻이다. 물론 나라마다 협동조합에 대한 입법 현황이 달라 어떤 나라에는 협동조합 일반법이 있고, 어떤 나라에는 특정한 유형의 협동조합에 관한 개별법만 있는 경우가 있다. 또한 ICA의 정의를 활용하더라도 나라마다 적용하는 방식이 다를 수 있다. 그럼에도 ICA의 협동조합 정체성은 지구상에서 협동조합을 하는 사람이라면 알아야 할 기본이 된다. 인종과 피부색과 종교가 다른 지구촌 사람들이 같은 정의를 가지고 같은 가치를 공유하며 같은 원칙에 기반하여 운영한다는 사실이 놀랍지 않은가? 실제로 다 잘 지키며 제대로 운영하고 있는지 확인하기 어렵더라도 말이다.

그러나 이런 사실에 감탄하다가 불현듯 또 다른 의문이 꼬리에 꼬리를 물고 일어났다. '아니, 국제조직을 만든 지 100년이 지나고서야 협동조합이 뭔지 정했단 말인가? 그럼 그 전에는 무엇으로 공통의 정체성을 삼았던 거지? 그리고 많은 나라에서 협동조합에 관한 법이 이미 만들어졌는데 그건 무엇을 근거로 만들어진 것이며, 법이 없는 나라에서 협동조합들은 무엇을 기준으로 삼고 정관을 만들었을까?' 등등. 참고로 4장에서 언급했듯 독일에서는 1867년에 슐체-델리치가 독일 협동조합법의 기초가 되는 프러시아법을 제출했다. 그리고 1887년에는 마니토바주에서 캐나다 최초로 협동조합법이 제정되었다.* 그리고 유럽을 비롯한 많은 나라에서 1995년 전에 이미 협동조합에 관한 법이 제정된 점을 고려하면 ICA의 선언은 다소 늦은 감이 없지 않다.

그런 의미에서 이번 장에서는 세계 협동조합인들의 공통 언어인 정체성이 만들어진 과정과 그 내용을 살펴보고자 한다. 또 2021년 12월에 한국에서 개최되는 제33차 ICA대회congress의 주제가 '협동조합의 정체성 심화하기Deepening our cooperative identity'인 점에서도 알 수 있듯, 협동조합의 본질은 변함없어도 그것을 규정하고 표현하는 방식은 변할 수 있다. 그러니 1995년으로부터 이미 사반세기가 지난 시점에서 그때의 선언이 여전히 유효한지, 혹은 변화하는 사회경제적 조건에서 새로이 고려해야 할 것은 없는지 살펴볼 필요가 있을 것이다. 따라서 이 장에서는 95년 선언의 내용을 깊이 이해하는 것과 더불어 당시에 논쟁이 되었던 지점을 되짚어보고자 한다. 지나간 역사는 새롭게 해석되고 앞으로 쓰일 역사의 근거가 되기 때문에.

---

* 《협동조합운동 역사사전》, p.6.

1. 때늦은 선언?

설립 후 100년이 지나서야 협동조합의 정체성이 뭔지 선언했다는 사실을 알았을 때 좀 의아했다. 세계 협동조합운동의 구심체라면 설립 초기에 의논해서 확정하는 것이 당연하다고 생각했기 때문이다. 이런 의구심이 일어나니 그 다음엔 다소 비판적인 생각마저 들었다. ICA 초기부터 정의와 원칙을 확립했더라면 훨씬 더 조직적이고 체계적으로 협동조합운동을 하지 않았을까? 그랬더라면 훨씬 더 많은 협동조합이 만들어졌을 것이고, 지금쯤은 훨씬 더 크고 강력한 협동조합 부문이 형성되지 않았을까 하는 생각 말이다. 이런 생각에 미친 까닭은 협동조합운동이 비판하고 극복하고자 했던 자유주의 경제학의 건재함과 지배 때문이다. 자유주의 경제학은 스코틀랜드 출신의 정치경제학자 애덤 스미스가 1776년에 발간한 《국부론(國富論)》에 토대를 둔다. 그를 경제학의 아버지라고 할 정도로 이 책의 영향력은 사후에도 사라지지 않고, 시대와 학파를 뛰어넘어 선진국과 후진국을 가리지 않고 교육되고 있다. 한마디로 경제 사상의 근본이 되고 있는 것이다. 경제학을 평정했다고 말할 수 있다. 그러니 국부론보다는 한 세기 이상 늦게 출발했지만 19세기 중반부터 본격화된 협동조합운동이 ICA 설립을 계기로 사회와 세계의 평화를 위한 운동이 되기로 했다면 국부론의 대항이념으로서 그 정체성을 분명히 했어야 하지 않을까? 그렇게 자리매김하기 위해 먼저 협동조합 공통의 운영원리를 확립하여 적극적인 협동조합운동을 펼쳐나갔어야 하지 않을까?

하지만 이런 의구심과 비판은 협동조합'운동'의 정체성에 대한 무지에서 비롯된 것이라는 걸 곧바로 깨달았다. 협동조합운동은 하나의 색깔이 아님을, 그리고 협동조합을 하는 이유가 다 같지 않음을 선구자들의 족적만 보아도 알 수 있다. 사회 평화와 세계 평화를 위한 운동이 되고자 했던 ICA이지만 그것은 계급 갈등으로 내란을 겪지 말고 외적으로는 전쟁을 피하자는 느슨한 합의였을 뿐, 속을 들여다보면 사회 평화에 대한 상도, 그것에 이르는 길도 다 달랐다. 그래서 ICA에 대해 오랫동안 연구하고 강의했던 데로쉬는 ICA를 "유토피아의 실현 가능성을 모색했던 이들과 기업 모델로서의 협동조합을 찾던 이들 간의 긴장과 갈등 속에서 형성되고 발전했던 역사"라고 설명했던 것이다. 한편으로는 협동조합을 통해 참다운 공화국을 건설하고자 하던 이들이 있었고, 다른 한편으로는 일반 영리기업과는 다르지만 어찌되었건 기업으로서 협동조합 모델의 안착과 성공을 중시하던 이들이 있었다는 뜻이다. 그래서 예컨대 '노동자들의 이윤 참여'와 같은 사안이 오랜 기간 쟁점이 되어 이를 둘러싸고 갈등이 벌

---

* 'L'ACI a cent ans : regard sur une histoire mémorable', RECMA N° 259, 1996.

어지기도 했고, 한 번 정해졌던 결정이 바뀌기도 했다.

정치적 성향도 달랐고 종교적 신념도 달랐으며, 나중에는 심지어 살고 있는 나라의 정치체제도 달랐던 상황에서 공통의 정체성을 찾기란 아주 어려웠을 것이다. 그러니 ICA는 어쩌면 협동조합계의 유엔일지도 모른다. 정치·종교·경제·사회·문화가 다 다른 나라의 조직들이 참여하고 있었기에 ICA는 다양성을 인정하고 조화를 이루기 위해 노력했다. 그래서 ICA를 상징하는 깃발이 무지개색이 되었을 것이다.*

이렇듯 협동조합운동의 특성을 고려하면 1995년의 정체성 선언은 때늦은 뒷북이 아니라 새로운 출발점으로 보는 것이 타당할 것이다. 100년 동안의 평화공존을 넘어 그야말로 공동의 정체성을 정립하기 위한 기나 긴 토론의 결과물이다. 그러면 지금부터 '100년 동안의 토론'을 되돌아보자.

2. 로치데일의 원칙에서 협동조합의 정체성까지

1995년의 선언을 협동조합의 정체성cooperative identity이라고 한다. 정체성이라 함은 어떤 존재나 사물의 실체를 가리킨다.

---

* ICA의 무지개 깃발은 1896년에 프랑스의 베르나르도(F. Bernaedot)가 제안했으나 1925년에야 공식 깃발로 채택되었다(《협동조합운동 역사사전》, p. 14).

즉 외형의 변화에도 불구하고 변하지 않는 것을 뜻하니 협동조합의 정체성이란 하나의 협동조합이든 협동조합들의 집단이든, 또는 지위와 실천 방식이 다른 다양한 유형의 협동조합이든 모두가 공통으로 가지는 본질이나 핵심이라 할 수 있다.

특히 1969년까지 ICA의 정관에는 "로치데일 공정개척자들의 업적을 이어받고 그 원칙에 입각하여, 완전한 독립 상태로 고유한 방식을 통하여, 이윤 추구에 기반한 현재의 제도를 공동체 전체의 이익을 위해 조직되고 공동의 자기발전에 기초하는 협동조합 시스템으로 대체할 것을 추구한다."고 되어 있었다. 이는 대한민국의 정통성을 3·1운동과 상해 임시정부에서 찾듯이 ICA의 정통성을 로치데일 공정개척자들에게서 찾는다는 것으로 해석할 수 있다.

우리가 '로치데일 공정개척자'를 협동조합의 선구로 보는 까닭은 그들의 운영원칙이 ICA 차원에서 이루어진 협동조합 원칙에 대한 논의에서 핵심 역할을 했기 때문이다. 공정개척자들의 운영원칙은 모든 논의의 출발점이 되었을 뿐 아니라, 그 원칙을 어떻게 해석하느냐에 따라 입장이 달라지기도 했다. 또 해석의 차이는 새로운 원칙의 추가나 삭제와 같은 변주를 동반했다. 그러므로 로치데일의 원칙은 현재 우리

---

* François Espagne(2008), 'Principes coopératifs? Lesquels? Histoire et lecture des principes coopératifs selon l'Alliance Coopérative Internationale'.

가 알고 있는 협동조합 원칙의 모태라고 할 수 있다.

협동조합의 원칙이 본격적으로 논의된 시기는 1930년부터이며, 1937년과 1966년에는 원칙에 대한 결정이, 1992년에는 기본 가치에 대한 결정이 이루어졌다. 그 대장정의 결과 1995년에는 가치와 원칙에 앞서는 정의를 추가하여 비로소 협동조합 정체성의 한 세트가 구성된다.

그러면 지금부터 각 시기별로 어떤 원칙이 결정되었고, 그것에 어떤 의미가 있는지 살펴보기로 하자.

1934년과 1937년 대회
: 처음으로 보편적인 협동조합의 원칙을 제정하다

ICA가 설립된 지 35년이 지난 1930년 비엔나 대회에서 프랑스의 소비협동조합 전국연합의 대표인 앙드레 크뢰에 André Creuet 가 특별한 제안을 했다. 그는 저 유명한 로치데일의 원칙을 면밀히 검토하여 정확하고 제대로 된 협동조합의 원칙으로 삼자고 한 것이다. 그리고 그의 제안이 받아들여져 그를 비롯한 6인의 특별위원회가 구성되었다. 사실 뒤늦은 감이 있지만 그의 제안은 두 가지 측면에서 타당성을 가진다. 첫째, ICA는 로치데일의 업적을 계승하고 그 원칙에 입각하자고 했지만 이어받아야 할 업적이 무엇인지, 또 원칙을 어떻게 적용해야 할지 공식적으로 논의하여 결정하지는 않았기 때문이다. 두 번째는 변화한 ICA의 조건에 기인한다. 강산이 세 번 하고도 반이 지난 만큼 ICA에도 더욱 많은 나라에서 다양한 유형의 협동조합 대표 조직들이 가입했다. 그러니 소비협동조합이었던 로치데일의 원칙이 다른 부문 다른 유형의 많은 협동조합에게도 보편적으로 적용될 수 있는지 검토할 필요성이 있었기 때문이다.

이 상황은 이렇게 해석할 수 있다. 협동조합이라는 식당의 원조는 로치데일 공정개척자들인데, 그들은 그들만의 레시피로 커다란 성공을 거두었다. 그래서 인근 지역에서도 따라 하고 곧 전국적으로 퍼져 나가 거대한 로치데일 네트워크를 구축하며 도매회사까지 차렸다. 이런 소식을 들은 로치데일의 이방인 친구들도 로치데일을 따라 하며 널리널리 퍼져나갔다. 그렇다면 로치데일의 레시피는 한 지역과 부문을 넘어 식재료도 다르고 입맛도 가지각색인 다른 곳에서도 통할 수 있을까? 이 질문은 국제 협동조합운동으로서는 아주 중요한 도전이 되었다. 협동조합운동 공통의 정체성과 통합력이 달려있는 문제였기 때문이다.

그리하여 특별위원회는 ①1인 1표 ②현금 판매 ③구매에 대한 배당 ④자본에 대한 제한적인 이자 ⑤정치적·종교적 중립성 등 5개를 뽑아 다양한 나라의 다른 부문에도 적용 가능한지 설문조사를 실시하고 실태도 조사했다. 위원회는 이 다섯 항목에 ⑥개방성 ⑦교육의 진흥을 추가하여 7개의 원칙으로 정리했다. 그리고 로치데일의 원칙에 명시적으로 표현되지는 않았지만 암묵적으로는 협동조합의 특성으로 볼 수 있는 두 요소인 '배타성(조합원에 한정한 사업)'과 '자발적인 가입'을 추가했다. 하지만 1934년 대회에서 최종적으로는 의무적으로 적용해야 하는 4개의 핵심적인 원칙과 단순히 도덕적 의무인 권고 원칙 3개로 구분하여 총 7개의 원칙으로 정리하여 보고서를 제출했다.

그러나 ICA는 1934년 대회에서 위원회 보고서를 바로 채택하지 않았다. 왜냐하면 그 원칙이 소비협동조합만이 아니라 다른 협동조합에도 유효한지, 또 1차 협동조합인 단위 협동조합에만 해당되는 것인지 더 검토할 필요가 있다고 보았다. 그리하여 마침내 모든 검토가 끝난 후 1937년 대회에서 최종적으로 7개의 원칙을 채택했다.

로치데일의 원칙에서 취한 것과 버린 것

1937년에 제정된 원칙을 보면 현재의 7원칙과 별반 다르지 않음을 알 수 있다. 하지만 우리가 여기서 따져봐야 할 것은 따로 있다. 이 최초의 공동 결정은 정말 로치데일 공정개척자들로부터 계승해야 할 업적을 제대로 평가하여 계승하고 있는가 하는 점이다. 이 문제에 대해서 프랑스 노동자생산협동조합연합회[CGSCOP]의 사무총장을 역임했던 에스빠뉴 (François Espagne, 2008)는 37년의 원칙이 외면하거나 놓쳤던 로 치데일의 중요한 업적 세 가지를 지적한 바 있다. 그는 1차 결정이 로치데일의 사업 기획은 담지 않고 단지 조직의 운영 원칙만 담았기 때문이라는 것을 깨닫게 해준다. 공정개척자 들의 협동조합이 성공하여 널리 퍼져나간 까닭이 단지 조직 운영을 잘 했기 때문일까? 그렇지 않다. 그들이 설립 전 함께 토론하며 구상한 협동조합은 앙상한 조직 운영 체계가 아니 다. 오히려 아무것도 없는 사람들이 서로 도와 함께 해방되기 위하여 무엇을 어떻게 협동할 것인지를 담은 종합적인 기획이다. 그 필요와 열망이 없었더라면 그들이 현실과 타협하지 않고 원칙을 철저히 지키며 하나하나 자신들의 구상을 실현해나갈 수 없었을 것이다.

에스빠뉴가 지적한 것은 바로 그 힘의 원천, 그 핵심 동력에 관한 것이다. 그것은 로치데일의 제1법이라고 불리는 'first law'이다. 이 법은 정관의 1조에 명시된 것으로 앞의 2장에서 로치데일의 프로그램으로 소개한 부분이다. 그 내용을 재구성하면 사업 목적, 사업 기획, 궁극적으로 이룩하고자 하는 목적이 무엇인가로 정리할 수 있다.

이를 통해 우리는 로치데일의 구상은 하나의 협동조합에서 시작하여 가지치고 새끼 쳐서 커다란 로치데일 가문으로 씨족사회를 만들고, 그 씨족사회는 다른 가문을 아우르는 부족사회로 통합되어 마침내 자치와 자급이 가능한 지역사회를 구축하는 것이다. 그러니까 로치데일의 경험에서 우리는 협동조합 발전의 법칙과 진화의 법칙을 도출할 수 있다. 이러한 법칙을 발견하였기에 지드와 뿌아쏭은 '협동조합공화국'을 상상할 수 있었고, 레이들로 박사는 '협동조합 지역사회'를 제안할 수 있었을 것이다. 하지만 37년의 원칙은 협동조합 발전과 진화의 법칙은 외면한 채 하나의 단위 협동조합의 운영원칙만을 취했다. 그러면 협동조합의 발전과 성장은 어떤 경로를 취하는지 구상하기 어렵고, 또 그 과정에서 발

로치데일의 제1법(first law)
: 로치데일 정관 제1조

● **사업 목적**

공정개척자회는 다음과 같은 사업을 실현하기 위하여 1파운드당 구좌로 분할된 충분한 자본을 통하여 멤버들의 금전적, 사회적, 가족의 여건을 향상하는 것을 목적으로 한다.

● **사업 기획**

식료품과 의류 등의 판매를 위한 상점을 개설한다. 서로 도와 가족과 사회의 여건을 향상시키고자 하는 멤버들을 위하여 일정한 수의 주거를 건설하거나 매입한다. 실직했거나 반복적인 임금 하락으로 고통 받는 멤버들을 고용하기 위하여 공정개척자회가 적합하다고 판단되는 제품을 제작하기 시작한다. 멤버들에게 점점 더 많은 혜택과 안전을 제공하기 위하여 공정개척자회는 토지를 사거나 임대할 것이다. 이 토지는 일자리가 없거나 임금이 낮은 멤버들이 경작하도록 할 것이다.

● **궁극적 목적**

가능한 한 빠른 시일 안에 공정개척자회는 재화의 생산과 분배, 교육, 자치제도를 도입할 것이다. 달리 말하자면, 이해가 통일되고, 스스로 지탱하며, 다른 유사한 공동체의 설립을 위해 상부상조하는 다른 회에 도움을 주는 공동체를 세울 것이다.

생할 수 있는 문제를 예측하기도 어렵게 된다.

초기 설립자들이 정관 제1조에 로치데일 공정개척자들의 비전과 궁극적인 목적을 못 박아 두었던 것은 '그들이 협동조합을 하는 이유'를 분명히 하기 위해서이다. 설립자들은 맨체스터의 공제조합 모델에서 영감을 받아 강한 상호부조의 원리를 담았다. 이 상호부조의 원리는 조합원들이 함께 돈을 모으고 공동으로 구매하여 조합원들의 소비생활에 편익을 제공한다는 상호적 이익mutual benefit 추구에 국한되지 않는다. 상호부조는 '협동조합 지역사회'인 '협동마을'을 만들고, 그 마을에서 조합원들이 함께 살고 함께 일하며 노동의 착취에서 해방되기 위한 수단이자 방편이다. 오언의 후계자인 공정개척자들은 그의 뜻을 이어받아 로치데일의 소비협동조합을 그 씨앗으로 삼았다. 그 씨앗이 싹을 틔우고 꽃을 피워 맺을 열매는 거대한 기업이 아니라 협동의 마을이다. 이윤이 지배하는 세상이 아니라 오언의 책 제목처럼 협동이 미덕이 되는 '새로운 도덕의 세상New moral world'의 이상을 실현하기 위함이다. 이러한 계획은 1966년의 2차 논의 때 '협동조합 간의 협동'의 원칙이 더해지고, 1995년에 '지역사회에 대한 관심(관여, 참여의식)'의 원칙이 더해지며 보완된 측면이 있다. 하지만 1차 논의 당시에는 로치데일 정관 1조에서 정의한 법을 공정개척자들의 협동조합이라는 경제조직의 기초를 이루는 근본으로 보지 않았던 듯하다. 이 점은 경제적 측면과 사회적 측면을 동시에 가지는 사회적경제 조직으로서 협동조합의 정체성을 제대로 고려하지 못한 것이라 판단된다.

　두 번째로 제기할 수 있는 문제는 노동자들의 이윤 참여,

혹은 노동자들과의 공동 파트너십과 관련된 내용이 빠진 점이다. 하지만 로치데일 공정개척자들에 대한 책을 쓴 홀리요크는 노동자들의 참여가 공정개척자들의 사업계획 구성의 핵심 요소라고 한 바 있다.(에스빠뉴, p. 10) 게다가 앞서 4장에서 다루었듯 ICA는 영국의 소비협동조합과 프랑스의 노동자생산협동조합이 주축이 되었으며, "대회(ICA)는 자본과 노동의 조건을 지속적이고도 만족스러운 방법으로 해결할 다른 방안이 없고, 오로지 노동자들에게 통상의 임금에 더하여 이윤을 배당해주는 것에 토대를 두어야 한다는 것이며, 배당은 고용주와 노동자들에게 공평하게 주어져야 하며, 고용주가 이러한 체계를 도입해야 한다는 것이다. 대회는 또한 협동조합의 원칙에 충실하기 위하여 노동자들을 고용하는 모든 종류의 협동조합 결사체는 노동자들에게 합당한 만큼의 이윤을 배당한다는 내용을 정관에 두어야 한다는 점을 추가한다."는 결정을 내리기까지 했다. 이것을 노동자들의 이윤참여 제도profit-sharing, 혹은 노동자들과의 공동 파트너십이라고 한다. 그러니 로치데일 공정개척자회는 노동자들이 소비자들의 피고용인이지만 그들의 파트너이고, 소비자들만을 위해 이익을 나누는 것이 아니라 그것을 생산한 노동자들과도 이익을 나누어야 한다고 했다. 그래야 가진 것 없는 노동자들이 자금을 모아 협동조합을 만들 수 있기 때문이다. 그런 큰 그림을 그린 것이 로치데일이고 ICA 설립자들이다. 그런데 이러한 측면은 37년의 1차, 66년의 2차 논의에도, 심지어 95년의 정체성에도 담기지 않았다.

로치데일의 목적과 비전, 상호부조와 협동마을의 건설, 노동자와의 협동, 이 세 가지는 분명 로치데일의 정관에도 있었고, 공정개척자들의 구체적인 실천 양식과 운영원칙에도 적용되었던 것이다. 이러한 요소들은 로치데일의 이념이기도 하고 또 그들이 성공할 수 있었던 동력이기도 하다. 그런데 특별위원회는 이러한 요소를 단지 오언으로부터 물려받은 정신, 혹은 추상적인 신념으로 치부하여 보편적인 협동조합의 원칙으로는 적합하지 않다고 판단했던 것은 아닐까? 이런 측면에서 특별위원회의 보고서와 그에 기초한 37년 대회의 결정은 협동조합의 발전과 진화를 통해 사회적 유토피아를 실현하고자 한 선구자들의 이상이 퇴화하는 과정의 시작이라고 할 수 있겠다.

로치데일의 원칙을 계승한 보편적인 협동조합 원칙인가, ICA의 가입 조건인가?

이번에는 구체적인 원칙에서 배제된 로치데일의 중요한 운영원리를 짚어보기로 하자.

첫째는 '나눌 수 없는 적립금'의 원칙이 34년과 37년 대회에서는 거론되지 않았다는 점이다. 현재는 '비분할적립금' 또는 '불분할적립금'이라고 부르는 이 적립금의 형성과 운용은 로치데일뿐 아니라 노동자협동조합의 선구자들에게도 아주 중요한 원칙이었다. 1844년 로치데일의 정관에는 '청산시 순자산의 이타주의적 귀속'으로 분명히 명시되어 있었다. 그리고 이후 1855년의 개정된 정관에도 '자본에 대한 보상 이후 남은 청산 잉여금은 자선과 공적인 목적에 귀속하는 것이 타당하다'로 되어 있다.

협동조합의 적립금에는 여러모로 중요한 의미가 있다. 우선 적립금을 모은다는 것은 잉여가 생겼을 때 조합원들이 나누어 가지지 않고 협동조합이 지속가능하도록 준비한다는 뜻이다. 그러니 적립금은 현재의 이익에 눈 멀어 미래를 위한 개발과 투자에 소홀하지 않도록 대비하는 장치이다. 또 적립금은 절대 나눌 수 없다는 특성을 가진다. 그러니 탈퇴 시 환급 받을 수 있는 출자금과는 달리 적립금은 그야말로 온전한 공동의 돈, '협동조합다운 돈'이다. 세 번째 중요성은 적립금의 사용 목적이 '이타적'이고 '공적'이라는 점이다. 홀리요크가 지적한 점이 바로 이 부분이다. 공정개척자들은 적립금을 조성하여 자신들의 미래를 대비할 뿐 아니라 협동마을을 만들기 위해 적립금을 사용했다. 다른 사람들도 로치데일과 같은 소비협동조합을 만들 수 있도록 그 돈을 사용하고, 또 그렇게 여기저기서 만들어진 소비협동조합들 간의 협동으로 도매회사를 만들어 조합원들과 지역주민들에게 더 많은 편익을 제공하면서 협동마을이 만들어진다. 그러니 적립금은 협동조합들 간의 협동을 위한 돈이기도 하다.

그런데 34년과 37년 대회에서 이렇게 중요한 적립금의 조성과 사용, 귀속에 대한 원칙이 배제되었다는 것은 다소 의아한 일이다. 그들은 적립금 문제가 하찮은 사안이라고 생각했던 걸까? 아니면 개별 협동조합이 알아서 할 일이니 굳이 공동의 원칙으로 하지 않아도 될 사안이라고 여겼던 걸까? 어쨌든 적립금과 관련한 내용은 이후 2차 논의에서도 중요하게 다루어지지 않았고, 95년에서야 '조합원의 경제적 참여'의 원칙을 이루는 내용 속에 포함된다.

두 번째는 앞서 언급했듯 '협동조합들 간의 협동'에 관한 원칙인데, 이 또한 1차 논의와 결정에 반영되지 않았다. 로치데일 공정개척자들의 역사를 기록한 홀리요크에 따르면 로치데일과 그 모델을 따라 만든 다른 소비협동조합들이 성공할 수 있었던 비결이 두 개가 있다. 하나는 1844년 정관의 핵심으로 조합원들의 충성도를 높일 수 있는 '이용 정도에 따른 배당'이다. 이 원칙은 조합원들의 거래를 활성화하고, 충성스러운 조합원들을 만들기 위한 방안이다. 다른 하나는 '협동조합들 간의 협동'의 원칙이 적용되어 설립된 도매상점이다. 이 원칙은 1862년 법에 의해 2차 협동조합(공동사업 협동조합)의 설립이 가능해졌을 때에야 비로소 실현될 수 있었다. 그 결과 글래스고와 맨체스터 도매회사가 만들어졌다. 이러

한 공동사업 협동조합은 '협동조합 연방주의cooperative federalism*'
모델이 구현된 형태로서 ICA의 설립에도 지대한 영향을 끼
쳤다. 그런데도 37년 당시 이 원칙이 빠졌다는 것은 다소 의
아한 측면이 있다.

마지막은 '정치적·종교적 중립성' 원칙에 관한 문제다. 의
무원칙이 아닌 권고원칙에 포함되긴 했지만 왜 이것이 원칙
이 되었지? 하는 의문을 불러일으킨다. 왜냐하면 로치데일의
문서나 실천 어디에도 이러한 원칙이 명시적으로 드러나지
않았기 때문이다. 게다가 ICA에 소속된 영국 협동조합 조직
대부분은 로치데일의 전통을 따랐는데, 그들은 영국의 노동
당을 지지했고, 노동당과 노동조합 간에는 유기적인 관계가
형성되어 있던 상황이다. 그리하여 영국 대표들은 이 원칙에
격렬히 반대를 표명했고, 소비에트 연방의 대표들도 이에 가
세했다. 왜냐하면 정치적·종교적 중립성의 원칙을 따르면

---

* 협동조합 연방주의는 영국의 베아트리스 웹이 그의 책《영국의 협동조합운동》에서 사용한 용
어로서 협동조합연합회(cooperative federation)와 혼동하지 말아야 한다. 이 이론은 샤를르 지
드 또한 동의하는 협동조합 경제이론으로서 소비자들의 협동조합을 우위에 둔다. 협동조합 연
방주의자들은 소비자들의 협동조합이 협동조합 도매회사를 형성하여 농장과 제조공장을 매
입해야 한다고 주장한다. 이 도매회사의 조합원은 개별 협동조합들인데 영국의 도매협동조합
(Cooperative Wholesale Socisty)이 대표적인 예다. 또한 협동조합 연방주의자들은 이 도매협동
조합의 이윤(잉여)은 회사의 임금노동자들이 아닌 조합원 협동조합들에게 배당해야 한다고 주
장한다. 하지만 다른 협동조합연합회들은 이러한 이론을 지지하지 않는다. 그런데 로치데일의
경우 노동자와의 공동파트너십을 중요하게 여겼고, 앞의 5장에서 보았듯 ICA 설립 당시 '노동
자들의 이윤참여'제도를 도입한 것으로 보아 이 장에서 말하는 협동조합 연방주의는 협동조합
들 간의 협동을 강조한 의미로 사용되었을 것으로 판단된다.

1923년에 레닌이 규정한 협동조합 모델과 콜호즈(kolkhoz, 협동농장)가 문제가 되기 때문이다. 소비에트 대표단을 받아들인 상황에서 이러한 원칙을 거론했다는 것은 모순이 아닐 수 없다. 그러니 정치적·종교적 중립성의 원칙은 로치데일의 유산이라기보다는 ICA 내 다양한 조직들 간의 타협점이 아닐까 판단된다. 즉, ICA에 소속된 조직들은 다양한 정치적·종교적 배경을 가진 협동조합들이지만 ICA 안에서는 그 배경으로 인해 분란을 만들지 않아야 한다는 약속이라고 할 수 있다.

정리하면 37년에 제정된 원칙은 보편적인 협동조합의 원칙을 제정했다기보다는 ICA의 가입조건으로서의 의미가 더 크다고 판단된다. 그러하기에 의무원칙이라는 강제적 원칙과 권고원칙이라는 비강제적 원칙으로 구분했을 것이다.

1966년 2차 결정
: 다시 쓰는 협동조합의 원칙

2차 결정은 1차 결정이 이루어진 지 30여 년이 지나 1966년 비엔나 대회에서 이루어졌다. 두 번째 논의와 결정이 이루어진 까닭은 2차 대전 후 세상이 변했고 질서가 재편되었기 때문이다. 협동조합의 원칙을 다시 써야 하는 이유는 많았다.

우선 2차 대전 후 연합군 소속의 유럽 국가들은 경제가 도약했고, 협동조합도 발전하면서 빠른 전환이 이루어진다. 전환의 방향은 규모화였다. 그러다 보니 거대 협동조합 안에서의 민주주의 문제가 제기되었다. 어떻게 조합원들이 실질적으로 참여하여 협동조합의 민주주의가 위협받지 않게 할 것인가가 화두로 떠올랐다. 그리하여 1964년에서 66년까지 19개국의 협동조합을 대상으로 실태조사가 이루어진다.

두 번째 요인은 식민지였던 신생 독립국가들의 등장이다. 이 국가들은 전후 비약적으로 경제발전을 이루는 유럽과는 반대로 무너진 경제를 재건하는 것이 우선 과제다. 그래서 ICA로서는 이들 국가에서 협동조합을 개발하는 것 또한 새로운 임무가 되었다. 속된 말로 새로운 시장이 열린 것이다. 그리하여 당시 ICA 국장이던 왓킨스는 개발 프로그램과 기금만 마련할 것이 아니라 그야말로 '선교사 정신'으로 임해야 한다고 주장했다.[*] 하지만 아무리 선교사 정신으로 무장할지라도 그들이 새로운 땅에 건설할 교회는 개척교회이지 유럽식의 웅장한 교회는 아닐 것이다. 그러니 로치데일의 전통에 입각하여 정립한 원칙을 이 신생국가들에게도 적용할 수 있을지에 대해 검토가 필요했다. 즉, 로치데일의 원칙이 저개

---

[*] 1951~1963년에 ICA의 국장을 역임한 왓킨스(William, P. Watkins)가 1954년에 제출한 보고서 〈충분히 개발되지 않은 국가에서 협동조합의 발전. 특히 국제조직의 활동에 근거하여〉, 1954, Paris.

발 신생 독립국가들에게 통용될 수 있을 만큼 보편성이 있느냐 하는 문제를 짚고 넘어가야 한다는 뜻이다.

세 번째 요인은 다소 이념적인 문제로서 전후 국제 질서의 재편과 냉전 체제 속에서 협동조합은 어떻게 처신할 것인지 입장을 정해야 할 필요성이 대두되었다. 2차 대전 이전부터 이미 ICA 내에서는 자유주의 성향과 국가주의 성향의 조직들이 대립하고 있었으나 서로 한 걸음씩 양보하면서 평화를 유지했다. 하지만 1958~60년의 냉전체제 동안에 ICA 내 갈등은 파국으로 치달아 하마터면 조직이 와해될 뻔했다. 이런 아슬아슬한 상황 속에서도 당시 ICA의 대표인 마르셀 브로(Marcel Brot)는 조직을 지켜내는 공을 세웠다. 하지만 ICA로서는 내적인 통합을 유지하는 것만 중요한 것이 아니라 각국 협동조합들이 공통의 정체성을 가지고 운영하도록 방향을 제시해주어야 했다. 그래서 자본주의 질서에만 갇히지 않고 계급투쟁과 프롤레타리아 독재 노선도 따르지 않으며 제3의 길을 모색할 필요성이 제기되었다.

이러한 상황에서 ICA는 소련의 클리모프(A. P. Klimov)의 제안에 기초하여 더 이상 과거 로치데일의 원칙에만 얽매이지 않고, 1937년에 채택된 협동조합의 원칙이 변화된 현실에서 협동조합 운영에 적합한지 검토하여 협동조합 활동에 필요한 새로운 원칙을 정하기로 했다. 그리하여 인도, 영국, 독일, 미국, 소련 출신의 5명으로 이루어진 팀이 새로운 원칙을 정립한 보고서를 제출했다. 그들의 보고서는 1966년 제23차 비엔나 대회에서 절대다수의 찬성으로 통과되었다.

2차 논의와 결정에 대하여 검토하기 전에 먼저 가장 눈에 띄는 점 하나를 들어보자. 37년의 결정이 의무원칙과 권고원칙을 구분함으로써 ICA 가입조건을 분명히 제시했다면,

---

비엔나 대회에서 채택된
협동조합의 6원칙(1966년)

1. 협동조합의 가입은 자발적이어야 하고, 협동조합의 서비스를 이용할 수 있고 구성원으로서의 책임을 다하고자 동의한 모든 사람들에게 개방되어야 할 것이다.

2. 협동조합은 민주적인 조직이다.

3. 자본에 대해 이자를 지급할 경우 그 비율은 엄격히 제한된다.

4. 잉여나 예금은 조합원들의 것이며, 분배될 경우 누군가 다른 이들보다 더 많은 이익을 보지 않도록 해야 할 것이다.

5. 모든 협동조합은 조합원들, 지도자들, 임금노동자들 그리고 많은 일반 대중들을 대상으로 경제적이고 민주적인 측면에서 협동조합의 원칙과 방법에 대한 교육을 제공하기 위해 기금을 조성해야 할 것이다.

6. 조합원과 지역사회에 가능한 최선의 편익을 제공하기 위하여 각 협동조합 조직은 지역 및 전국, 국제적 단위에서 다른 협동조합들과 적극적으로 협동해야 할 것이다.

출처: 협동조합 원칙 위원회 보고서, 비엔나, 1966.

66년의 문장은 다소 모호하다. 2원칙을 제외하고 모든 문장이 '~ 해야 할 것이다'로 끝난다. 이러한 어조는 '그렇게 하는 것이 바람직하고 권장할 만하다'는 뜻이지 '그렇게 하지 않으면 가입이 안 되거나 제재를 받는다'는 강력한 의지를 표명하는 의미는 아니다. 그러니 66년의 원칙은 꼭 지켜야 할 원칙을 합의했다기보다는 모름지기 협동조합이라면 이 정도는 지키고 갖추어야 한다는, 한 집안에 비유하자면 '가훈(家訓)' 정도가 아닐까. 가문의 전통과 명예를 지키기 위하여 가솔들이 모두 지켜야 할 터이지만, 누군가가 성실히 지키지 않거나 자식 중 개망나니 짓을 해서 집안을 더럽혀도 자식이라고 내쫓지는 않는….

이런 애매한 조건을 붙인 까닭은 아마도 신생 독립국 출신의 신규 가입 조직들이 늘어나는 상황에서 처음부터 너무 엄격한 잣대를 들이대는 것은 합당하지 않다는 판단 때문이었을 것이다. 또한 이념의 대립으로 파국 문턱까지 갔다가 무사히 조직을 건사한 경험이 있어서 그런지 되도록 같이 가자는 의미에서 서로 조언은 하되 평가는 하지 않는 관계를 유지하겠다는 의미로 해석된다. 넓은 연대를 위하여 좀 느슨한 결사를 선택했다고 할 수 있다.

같은 맥락에서 먼저 37년의 결정에서 집단적 반발을 불러일으켰던 '정치적·종교적 중립성'은 빠지고 대신 1원칙에 사회적·정치적·인종적·종교적 차별을 두지 않는 '자발적이고 개방적인 가입제도'로 정했다. 또한 민주적 운영의 원칙은, 임원은 1인 1표의 규칙을 따라 모든 조합원의 선거를 통해 선출해야 하는 것으로 설명한다. 세 번째로 자본에 대한 이자를 지급할 때는 이율을 '엄격히' 제한해야 할 것이라고 강조함으로써 자본 기여에 대한 보상에 한계를 두고 자본의 힘을 제한하겠다는 의지가 보인다.

66년의 결정에서 진전된 부분은 4, 5, 6원칙에서 발견된다. 우선 이윤의 분배를 이용에 따른 배당에 한정하지 않고 그 용처와 목적을 확장했다는 점이다. '적립금' 조성과 사용 목적이라고 명시적으로 밝히지는 않았지만 잉여나 예금을 특정인이 아닌 조합원 전체를 대상으로 서비스를 제공하기 위해 사용하거나, '협동조합 사업의 발전'을 위해 할당할 수 있다고 했다. 이는 적립금의 조성을 암시하는데 '나눌 수 없는(비분할)'이라는 적립금의 특성을 포함하지는 않았다. 하지만 로치데일의 원칙에서 다루었듯 초기 협동조합 선구자들이 공히 중요한 원칙으로 다루었던 적립금 문제가 소환된 점은 의미 있는 진전이다.

5원칙은 37년의 원칙에서 단지 권고원칙에 머물렀던 '교육의 발전'을 더욱 구체화하고 그 대상 또한 일반 대중으로까지 확대함으로써 향후 '교육, 훈련, 정보제공'으로 가기 위한 교두보를 놓았다. 마지막으로 6원칙에 '협동조합들 간의 협동'을 포함함으로써 37년에 빠졌던 로치데일의 원칙을 제대로 계승한 것 또한 주목할 만한 진전이다.

경제위기와 세계화에 직면한 협동조합의 기본 가치는 무엇인가?

1966년 비엔나 대회 이후 유럽과 북미의 선진국들은 여전히 '영광의 30년'을 구가하고 있었지만 새로운 위기의 기운이 이미 감지되고 있었다. 이 시기의 상황은 5장에서 이미 언급하였는데, 60년대 초에 시작된 베트남전과 이어진 68혁명의 소용돌이는 다가올 세계적 경제위기를 예견하고 있었는지 모른다.

이렇듯 불안한 시대를 맞이한 협동조합은 70년대 초부터 세계 경제에서의 협동조합 경영이 화두가 되었다. 협동조합은 이제 다국적기업이 지배하는 세계 경제에서의 경쟁을 피할 수 없게 되었다. 그리하여 이미 규모화를 통해 거대한 협동조합이 된 조직들의 경영 문제는 ICA 논의의 중심이 되어 1972년 바르샤바에서 개최된 제25차 대회에서는 '다국적기업과 국제 협동조합운동:화급한 재정 및 경영 문제'에 관한 보고서가 제출되었다. 보고서는 경영 능력과 재정 능력을 완

---

* P. Lambert, W. Peters, Les entreprises multinationales et le mouvement coopératif international : les impératifs financiers et gestion, Varsovie, 1972.

벽히 갖추어야 다국적기업과의 경쟁에서 성공한다는 메시지를 전달했다.

다른 한편, 1980년에 《서기 2000년의 협동조합》이라는 보고서를 작성하여 ICA에 제출한 레이들로 박사 또한 변화하는 상황이 심상치 않음을 설명하며 다가올 20년 동안 "많은 개별 협동조합과 협동조합 체계 전체가 심하게 타격을 받을 것"이라고 예견한 바 있다. 상황이 이러하니 협동조합의 원칙을 다시 점검할 필요성이 제기되었다.

그런데 본격적인 논의가 이루어진 것은 1988년 스톡홀름 대회 때다. 당시 ICA 회장이었던 라슈 마르쿠스Lars Marcus는 '협동조합의 기본 가치'에 대한 보고서를 제출하여 논의를 촉발했다. 뒤이어 1992년 도쿄 대회에서는 스웨덴의 뷔크S. A. Böök가 《변화하는 세상에서 협동조합의 가치》를, 캐나다의 이안 맥퍼슨Ian MacPherson은 《협동조합의 원칙에 대하여》라는 보고서를 각각 제출했다.

그런데 이 보고서들이 권고한 내용들은 아주 포괄적인 문제를 다루고 있어서 보고서의 제안에 대한 논평이 이루어지지 않았다. 예컨대 '자본에 대한 제한된 이자'와 같이 민감한 문제에 대해서 더 유연하게 작성할 필요성이 있고, 이후 독립된 하나의 원칙이 아니라 자본 조성에 관한 새로운 원칙 속에 포함되는 것이 낫다는 두루뭉술한 의견이 제시되었다. 그러다 보니 도쿄 대회에서는 구체적인 결정은 이루어지지

* 조합원들의 필요와 열망을 잘 반영하여 편익을 높이고 신규 조합원들의 가입을 증가시킬 수 있는 효율적인 방안을 마련하여 운영한다는 뜻.

않았고 ICA 100주년 대회로 미루어졌다.

3. 협동조합의 정체성

이제 대장정의 마지막 여정에 이르렀다. ICA 설립 100주년을 맞은 31차 대회는 공정개척자들의 고향인 로치데일의 남쪽에 위치한 맨체스터에서 개최되었다. 이 대회는

1934~37년, 1963~66년, 1988~92년에 이루어진 모든 논의를 바탕으로 원칙과 가치를 비롯하여 정의까지 내림으로써 '협동조합의 정체성'이라는 하나의 틀로 묶었다. 이렇게 보면 그동안 대략 30년을 주기로 협동조합의 원칙을 점검하며 보편적인 협동조합의 정체성을 규명하는 작업을 해왔다고 할 수 있다. 그 마지막이 1995년이며, 이후에도 ICA는 '원칙위원회'를 구성하여 30년이 아닌 25년이 지난 2020년에 새로이 원칙을 점검하고자 하는 계획을 수립했다.*

95년의 정체성에 관한 보고서는 이안 맥퍼슨의 책임 하에 이루어졌다. 우선 가장 눈에 띄는 점은 이전의 논의와 달리 협동조합의 정의가 포함되었다는 점이다. 그리고 92년에 보고서는 제출되었지만 채택은 되지 않은 협동조합의 가치가 포함되어 삼위일체를 이룬다.

여기서 각각의 요소에 대해 구체적으로 살펴보기는 어렵고,** 다만 향후에 있을 점검과 검토를 위하여 몇 가지 문제를 짚어보기로 한다.***

---

* 2020년 대회는 코로나-19로 인하여 2021년으로 연기되었다.

** 협동조합의 정체성에 관한 상세한 해석은 필자가 2017년에 발간한《깊은 협동을 위한 작은 안내서》를 참고하기 바란다.

*** 이 부분은 1996년에 〈사회적경제 국제리뷰(RECMA)〉 260호에 실린 앙드레 쇼멜과 끌로드 비에네의 글을 참조하여 작성했다. André Chomel et Claude Vienney, 'Déclaration de l'ACI : La continuité au risque de l'irréalité', Recma N° 260, 1996.

협동조합의 정체성(1995년)*

● 정의(definition)

"협동조합은 공동으로 소유되고 민주적으로 통제되는 사업체(기업)를 통하여 공통의 경제, 사회, 문화적 필요와 열망을 충족시키기 위하여 자발적으로 결속한 사람들의 자율적인 결사체이다."

A co-operative is an autonomous association of persons united voluntarily to meet their common economic, social, and cultural needs and aspirations through a jointly-owned and democratically-controlled enterprise.

● 가치(values)

"협동조합은 자조(상부상조), 자기책임, 민주주의, 평등, 공정함과 연대의 가치에 기반한다. 창건자들의 전통을 계승하여 협동조합의 멤버들은 정직, 개방성(투명성), 사회적 책임 및 타인에 대한 보살핌(이타심, 측은지심)이라는 윤리적 가치를 믿는다."

Co-operatives are based on the values of self-help, self-responsibility, democracy, equality, equity and solidarity. In the tradition of their founders, co-operative members believe in the ethical values of honesty, openness, social responsibility and caring for others.

● 원칙(principles)

① 자발적이고 개방적인 조합원제도(Voluntary and Open Membership)

② 조합원에 의한 민주적 통제(Democratic Member Control)

③ 조합원의 경제적 참여(Member Economic Participation)

④ 자율과 독립(Autonomy and Independence)

⑤ 교육, 훈련, 정보제공(홍보)(Education, Training and Information)

⑥ 협동조합 간 협동(Co-operation among Co-operatives)

⑦ 지역사회에 대한 고려(참여의식)(Concern for Community)

* 본문의 번역은 2015년에 ICA에서 발간한 〈Guidance note to the Co-operative principles〉의 한국번역본 〈협동조합 원칙 안내서〉의 번역과는 다소 차이가 있음을 밝힌다. 필자는 영어와 불어 원문을 검토하여 일차적으로는 영문본에 사용된 용어의 본래 의미에 충실하게 번역했고, 그 다음에는 영어본과 불어본에 차이가 있는 점, 원문의 직역보다는 한국어의 다른 표현이 더 적절한 경우는 괄호 안에 넣어 되도록 그 의미가 정확히 전달될 수 있도록 했다.

정의 : 조합원은 누구인가의 문제

먼저 ICA 차원에서 처음으로 제정된 정의를 살펴보자. 사실 그동안 국제적으로 사용되었던 유일한 정의는 ILO가 1967년에 마련한 권고사항 127이었다. 그리고 그 정의는 1920년에서 32년까지 ILO의 초대 협동조합 국장을 역임한 프랑스의 협동조합 운동가인 죠르쥬 포케Georges Fauquet*의 작업을 반영한 것이었다. 그리고 실제 ICA의 정의는 ILO의 정의와 아주 비슷한데 한 가지 특이한 점은 '협동조합 운영에 조합원들의 적극적인 참여' 부분은 뺐다는 점이다. 그리하여 조합원들의 활동이 무엇이며 어떻게 이루어져야 하는지에 대한 구체적인 언급이 없이 '공동으로 소유되고 민주적으로 통제되는'으로만 정의함으로써 소유와 소유권 행사에 관한 부분만 포함했다. 물론 2원칙 '조합원에 의한 민주적 통제'의 해석에서 "조합원은 정책 수립과 의사결정에 적극적으로 참여한다"로 되어 있고, 3원칙 '조합원의 경제적 참여'에서는 "협동조합의 이용에 비례하여 혜택을 준다"로 되어 있어 조

---

* 협동조합 사상가이자 실천가인 포케(1873~1953)는 청년 의사 시절부터 협동조합의 조합원들을 돌보는 일을 하며 소비협동조합에 참여했다. 이후 근로감독관 시험에 합격하여 주로 협동조합에 대한 감독을 담당하며 소비협동조합의 사회적 역할을 강화하는 데 힘썼다. 1920~32년에 ILO의 협동조합 섹션(section of coperation)의 수장으로 일했으며, 퇴직 후 1934년부터 사망까지 ICA 중앙위원회 프랑스 대표의 역할을 했다. 대표적인 저술인 《협동조합 부문-Le secteur coopératif》(1935)에서 그는 국내 경제와 국제 경제 안에서 협동조합의 특성을 규명함으로써 협동조합이 기존의 경제체제와 분리되어 별도로 존재하는 조직이 아님을 밝혔다.

합원들의 활동을 유추할 수 있다. 하지만 협동조합의 정의에는 조합원들에 의해 소유되고 통제되는 것 외에 협동조합의 일상적인 운영이 조합원들의 적극적인 참여를 통해 이루어진다는 점을 명시하지 않은 것은 재고가 필요하다고 판단된다. 왜냐하면 출자하여 공동으로 소유하고, 총회에서 의사결정에 참여하는 것만으로는 협동조합이 활성화되고 지속가능하게 되리라는 보장이 없기 때문이다. 특히 대규모 협동조합에서는 이러한 책임과 의무가 형식적으로 이행되는 경우가 많아 실제 다수의 조합원이 조합의 활동이나 경영에 무관심하여 민주적인 운영이 위협을 받고 있다는 점이 자주 지적되었다.

원칙이 다 표현하지 못하는 협동조합의 정신 '가치'

ICA에서 처음으로 가치에 대한 내용이 채택되었다는 점도 주목할 필요가 있다. 왜냐하면 과거에는 협동조합이 지향하는 가치와 같은 추상적인 내용이 현실적인 문제에 가이드를 제공하는 원칙에는 다 포함될 수 없었기 때문이다. 그러니 두 개를 구분한 것은 참으로 현명한 선택이라 할 수 있다.

다만 가치에 대하여 한 가지 성찰할 지점이 있다. 그것은 이 가치에서 열거된 철학과 윤리가 협동조합운동의 역사에서 강력한 힘을 발휘했던 사상과 전통을 제대로 담고 있는가

하는 점이다. 예컨대 오언의 협동마을의 이상, 로치데일 공정 개척자들과 벨기에 보뤠트의 열망이었던 노동자들의 해방, 푸리에가 구상하고 고뎅이 실현한 노동자가족공동체의 설립과 노동자의 참여 경영, 그리고 ICA 설립자들이 합의한 세계 평화와 사회 평화를 위한 협동 등등. 물론 협동조합과 협동조합인들의 정신적 토대가 되는 가치는 인류 보편성을 담고 있어야 한다. 하지만 동시에 협동조합과 협동조합인들의 역사에서 교훈을 얻어 지키고 물려주어야 할 고유한 가치가 있지 않을까? 그러한 가치가 장차 협동조합운동의 비전이 되고 궁극적인 목적이 되어 공통의 정체성을 가지고 발전하는 데 기여할 수 있지 않을까 생각된다. 특히 시대를 초월한 가치가 아니라 시대를 인식하고 시대가 주는 과제를 직면하여 풀어가는 데 지침이 되는 가치, 즉 문명사적 전환을 염두에 둔 가치가 고려되어야 하지 않을까.

6원칙이 아닌 7원칙이 되면서 생긴 변화

그 동안 외면되었던 '비분할 적립금'에 대한 부분이 3원칙에 포함된 것은 새로운 변화라 할 수 있다. 이 사안에 대해서는 1937년부터 열띤 논쟁이 이루어졌음에도 불구하고 한 번도 채택되지 않았기에 공동으로 소유되는 협동조합다운 공동자산의 형성과 사용방식에 대한 부분이 포함된 점은 큰 의의를 가진다. 하지만 3원칙 자체에는 명시되지 않고 그 해석을 보아야 알 수 있는 한계도 있다. 많은 조합원들이 가입을 위해 출자해야 한다는 것은 알고 있지만 '경제적인 참여'를 해야 한다는 책임에 대해서는 금시초문인 경우가 많다. 그래서 필요할 때 자본 조달을 위해 증자를 하며 조합원들이 단지 이용만 하는 것이 아니라 투자자도 되어야 한다는 책임을 질 수 있도록 안내하고 교육하는 일이 중요할 것이다.

4원칙 '자율과 독립' 또한 새로운 원칙이다. 그 내용을 보면 "정부를 포함한 다른 조직과 협약을 체결하거나 외부에서 자본을 조달할 경우"라고 되어 있다. 이 문구를 통해 우리는 협동조합의 조합원에 속하지 않는 외부의 자본을 허용한다는 것을 알 수 있다. 이전에는 국가의 간섭과 통제가 경계 대상이었는데 자본의 조달이 중요한 사안이 되면서 이제 자율성을 가지고 자본시장에 대한 독립을 유지하는 것이 관건이 되었다는 것을 반증한다.

마지막으로 7원칙 '지역사회에 대한 고려 또는 참여의식'에 대해서는 준비작업 당시 대립이 있었다고 한다. 반대한 쪽은 개인사업자들의 협동조합으로 그들은 각자의 사업을 잘 유지하는 것으로도 충분하다는 입장이었다. 반면 적극 찬성한 쪽은 지역사회의 공익에 더 민감한 소비협동조합이었다. 하지만 지역사회를 염두에 둔 시민기업의 상이 시대의 요청이라는 점이 반영되어 맨체스터 대회에서는 무사히 통과되었다. 이 사례는 협동조합기본법이 제정된 한국의 상황에도 시사점이 있다고 판단된다. 왜냐하면 특히 소상공인협동조합이나 사업자협동조합의 경우 경기부진이 계속되는 저성장 시대에 설립되었고, 특히 최근 팬데믹으로 어려움이 겹친 상황에서 지역사회를 고려하며 참여한다는 것은 처지에 맞지 않은 비현실적인 원칙으로 여겨질 수 있기 때문이다.

4. 협동조합의 정체성을 넘어
   협동조합운동의 정체성으로 나아가기 위하여

다소 많은 지면을 할애하여 제1차 협동조합의 원칙 제정 과정과 합의된 작성문을 검토해보았다. 더 이상 유효하지 않은 과거의 원칙까지 일부러 품을 들여 살펴본 까닭은 첫 단추를 잘 끼워야 하기 때문이기도 하고, 이른바 '경로의존성 path dependency'이라는 원리가 작용하지 않을까 하는 점 때문이다. 쉽게 말하면 한 번 이 방향으로 물꼬를 트면 그쪽으로 쏠릴 수 있고, 산길을 걸어갈 때도 앞선 이가 간 자국을 따라 걷듯이 첫 논의가 다음에 이어질 논의의 방향과 틀을 규정할 가능성이 많다는 것이다. 로치데일의 원칙에서 출발한다는 점에서는 동의가 되었지만 포괄 범위와 정도에 따라 검토 대상이 달라질 수 있다. 예컨대 모든 원칙을 다 검토할 것인지 아니면 취사선택할 것인지 정해야 한다. 또한 원칙의 범위를 최초로 설립된 하나의 협동조합의 정관에 한정할 것인지 아니면 로치데일이 변화하고 발전하는 과정에서 만들어진 도매회사까지 포함할 것인지에 따라 무수히 많은 갈래를 만들 수 있다. 그러하기에 첫 번째 논의는 중요하고, 그 결과 합의된 결정은 다음 코스의 출발점이 된다.

　지금까지의 설명을 정리해볼 때, 협동조합의 원칙, 가치, 정체성에 관한 논의와 결정은 레이들로 박사가 구분한 조직cooperative system으로서의 협동조합을 중심에 두고 부문cooperative sector으로서의 협동조합의 원칙과 특성을 더했지만 협동조합운동cooperative movement의 목적과 방향에 대해서는 침묵하거나 뚜렷한 전망을 제시하지는 않았다고 보인다. 하지만 이해가 되는 측면도 있다. 무지개색 협동조합을 구성하는 협동조합인들 또한 그만큼 다양했기 때문이다. 한편으로는 오언과 푸리에, 그들을 이은 공정개척자들과 고댕, ICA 설립의 주인공인 드부아브와 지드, 반시타트 닐과 홀리요크는 협동조합이 사회유토피아에 이르는 길이라 생각하며 그 실현 가능성을 찾았던 선구자들이었다. 다른 한편으로는 슐체-델리치나 루짜티처럼 노동자들의 조직화와 저항을 차단하고 그들을 소자본가로 만들기 위해 협동조합을 이용하는 이들도 많았다. 게다가 세월이 흐르면서 사회주의 국가의 국가통제식 협동조합도 생겼고, 개발독재의 도구가 된 협동조합들도 부지기수였다. 그러니 그 갈등과 긴장 속에서 공존을 위한 선택을 하려면 타협할 수밖에 없었을 것이다. 협동사회와 협동조합 공화국을 위한 협동조합이냐, 주어진 조건 안에서 경제적인 성과를 보이고 살아남는 기업이냐의 노선은 끊임없이 제기되었다. 그 타협의 산물이 협동조합의 정체성으로 드러난 것이 아닐까?

하지만 우리는 여전히 이 질문들을 붙들고 화두를 삼아야 할 것이다.

"협동조합의 정체성은 협동조합운동의 역사적 전통을 잘 담고 있는가?"

"협동조합의 정체성은 변화하는 사회에서도 여전히 적용 가능한가?"

9장

2012년, '세계 협동조합의 해'에 제정된 한국의 협동조합기본법

이 책의 첫 장을 세계 최초의 협동조합의 이야기로 시작했으니 마지막 장은 한국 최초의 협동조합에 대한 이야기를 꺼내지 않을 수 없겠다. 《협동조합운동 역사사전》의 연대기를 한 줄 한 줄 읽으며 한국 최초의 협동조합은 언제일까 기대되었다. 그런데 정말 달랑 한 줄, 그것도 1907년이라는 연도 외에는 이름도 형태도 나오지 않았다. 성의가 없어도 너무 없는 것 아닌가 하며 더 찾아보았는데 책의 부록3. 각 국가별 협동조합 기본 데이터(p. 441)에서 신기한 사실을 발견했다. 북한과 남한의 최초 협동조합 설립연도가 같은 것이 아닌가! 그래서 그 최초 협동조합의 자취를 찾느라 이것저것 뒤지기 시작하다가 금방 깨달았다. 북한과 남한의 연도가 같은 것이 아니라 그때는 북한도 남한도 아닌 하나의 나라였으니 연도가 같은 게 당연하다는 사실을.

그 순간 콕 집어 설명할 수는 없지만 뭔가 역사의 비애 같은 것이 느껴졌다. 그리고 나의 이해방식을 어리석었다고만 할 수 없는, 하나였던 한국에서 살아본 적이 없는 나의 생이 만든 착각이 아닐까 하는 생각도 들었다. 이렇듯 전쟁과 분단은 그 이전 하나의 사건이었던 것이 두 나라 공통의 역사로 기록될 수 있다는 것을 발견하게 해주었다.

그런데 역사의 비애는 이것으로 끝나지 않았다. 둘이 아닌 하나였던 한국 최초 협동조합의 자취를 찾다가 발견한 사실이다. 한국에서 협동조합이라는 말이 사용된 것은 일제강점기였고, 일본 제국주의에 의해 '조합'이라는 명칭이 공식적으로 들어온 것이 1907년이다.* 그러하니 최초의 협동조합으로 기록된 것은 당시 설립된 금융조합과 산업조합과 같은 관제 협동조합일 가능성이 높다. 반면 민간의 자발적이고 자율적인 협동조합운동은 3·1운동 후 1920년대부터 본격화되었다. 그러니까 전 세계 많은 연구자와 조직에서 인용하는《협동조합운동 역사사전》에 기록된 한국 최초의 협동조합이라는 것이 실은 가짜 협동조합인 셈이다. 비록 한국 최초의 협동조합에 대해 관심을 가질 외국인은 거의 없겠지만 이러한 사실은 내게 비애와 함께 비장감마저 들게 했다. 역사를 제

* 김기섭, "한국 민간 협동조합의 역사와 의미",《한국 사회적경제의 역사》, p. 107.

대로 알고 그것을 제대로 기록하는 것도 중요하지만 잘못 기록된 역사를 바로 잡는 일 또한 꼭 필요하다는 것을. 그런 의미에서 역사를 다룰 때 이미 쓰인 것을 곧이곧대로 받아들이면 안 되고, 한 번 더 찾아 확인하고 재차 확인해서 검증하는 과정을 거쳐야 한다는 다짐을 하게 되었다.

그러다 보니 이 책은 한 땀 한 땀 수를 놓듯 협동조합의 역사라는 거대한 병풍의 그림을 촘촘히 채우지는 못했다. 오히려 이불보를 빨고 난 후 굵은 흰 실로 듬성듬성 꿰맨 솜이불의 바느질 같다. 시간이 지나 때가 끼면 또 이불보를 벗기기 위해 실을 뜯어야 하기에.

그래서 마지막 장은 듬성듬성 시침한 끝자락에서 한국 협동조합의 역사에 일어난 사건을 다루며 마감하고자 한다. 그것도 오래 전의 역사가 아니라 가장 최근의 사건으로. 하지만 그 사건을 해석하는 과정에서 과거를 돌아보고 미래도 그려보며 역사의 축으로 삼을 것이다.

1. 고마워요 유엔!

선진국가들의 제도와 문물을 모방하고 받아들이는 데 발빠른 한국에서 2012년에야 협동조합기본법이 제정되었다는 것은 다소 의아한 일이다. 물론 1957년에 농업협동조합법이 제정되었고 수산업협동조합법, 신용협동조합법 등에 이어 1999년에 소비자생활협동조합법까지 제정되었지만, 이 모든 것은 개별법 혹은 특별법으로서 협동조합에 대한 일반적이고 포괄적인 규범을 만드는 법은 아니다. 그래서 일반 기업과는 다르게 특별한 형태의 기업 지위를 부여하고 규제하는 법에 그친다. 이렇게 법제정이 늦어진 것은 한국의 각 부문별 협동조합들이 서로 같은 식구로 보지 않았다는 것을 뜻한다. 그래서 각자 따로 살림을 살아도 무방하니 개별법으로 만족하고 한목소리를 내어 협동조합 일반법이나 기본법을 제정하고자 연대할 생각을 하지 않았을 것이다. 그만큼 한국의 협동조합은 뿌리가 다른 협동조합 부문들의 따로살림의 역사라고 할 수 있다. 그리고 그 원인은 일제강점기와 분단과 개발독재를 거친 한국의 역사에서 찾을 수 있다.

하지만 2000년대 들어 국면이 전환되기 시작한다. 빈곤과 실업극복을 위해 자활지원을 하던 자활공동체를 필두로 사회적기업 설립이 시작되었다. 여기에 사회적일자리 사업을 하던 많은 시민사회단체들이 가세하며 사회적기업은 정부와 기업과 학계의 관심을 받기 시작하여 마침내 2006년에 사회적기업육성법이 제정되었다. 하지만 당시에 사회적기업을 설립하거나 설립을 지원하던 민간단체들은 사실 협동조합의 지위가 필요하다고 생각했다. 왜냐하면 사회적기업에 관한 법은 그것이 지원법이든 육성법이든 기존의 민법상의 사단

법인이나 조합, 또는 상법상의 법인에 사회적기업이라는 겉옷만 입히는 꼴이기 때문이다. 그것보다는 처음부터 사회적경제 조직인 협동조합으로 자유롭게 설립하는 것이 더 낫고, 그러면 정부의 인정이나 인증이라는 문턱을 넘지 않아도 되니 더 용이할 뿐 아니라 정부의 통제도 덜 받을 수 있다. 하지만 이러한 의견은 반영되지 않고 사회적기업육성법으로 귀결되었지만 협동조합 설립에 대한 필요와 열망은 잠재되어 있었다.

그 불씨를 살린 것은 2005년에 '사회적기업 발전을 위한 시민사회단체 연대회의'로 결집한 단체들이 2008년에 소비자생활협동조합들과 일부 신용협동조합들을 아우르며 재조직된 '사회적경제연대회의'다. 연대회의는 사회적기업 설립을 중심으로 운영되던 단체들에서 건강한 협동조합 연합회 및 연구소들을 아우르며 구사회적경제와 신사회적경제를 통합하는 역할을 했다. 그리고 2010년에 협동조합연구소가 협동조합기본법 제정을 위한 연구용역을 한다는 사실을 알고 그 기회를 포착했다. 연대회의는 발 빠르게 움직여 2011년 10월에 '협동조합기본법 제정 연대회의'를 구축하면서 법제정운동을 펼쳤다.

모든 일은 때가 있는 법이다. 당시 집권 여당은 협동조합에 그다지 관심 있는 세력도 아니었고, 법안을 발의한 것도 야당의원이었다. 하지만 유엔이 2012년을 '세계 협동조합의

해'로 선포했고, 심지어 ICA의 오랜 길동무였던 유엔의 사무총장이 한국 출신이었던 상황에서 정부나 국회가 법제정을 무시하기란 쉽지 않은 일이었다. 특히 유엔은 세계 협동조합의 해 테마를 '협동조합 기업이 더 나은 세상을 건설한다'로 정했고, 이를 실현하기 위해 세 가지 목표를 세웠다. 그 중 세 번째 '적합한 정책 수립'은 '각국 정부와 규제기구가 협동조합의 구성과 성장에 도움이 되는 정책, 법, 규제를 마련하도록 권장한다'는 내용이다. 기본법 연대회의의 대응도 주요했지만 이러한 우호적인 국제 상황이 조성되지 않았더라면 장담할 수 없는 일이었다.

'어느 하늘에서 비 떨어질지 모르고, 어느 구름이 비를 몰고 올지 모른다'고 한다. 그래서 1,800개를 만들어 놓고도 10년이 걸린 이탈리아의 사회적협동조합법과는 달리 한국은 공식적으로 기본법 제정을 요구한 지 얼마 안 돼 2012년 1월에 법이 통과되었고 그해 12월 1일에 시행되었다.

2. 서브프라임 사태 후 '협동조합 카드'를 꺼낸 유엔

사실 ICA와 유엔의 인연은 오래되었다. 유엔뿐 아니라 그 특별기구인 ILO와도 긴밀히 협력해왔다. ICA는 사회 평화와 세계 평화를 위해 설립된 세계 최초의 국제조직으로 1차

대전 후 설립된 국제연맹을 이어 2차대전 후 국제연합으로 재탄생한 유엔이나 ILO보다 연배가 앞선다. 사회 평화란 결국에는 가진 자와 가지지 못한 자인 자본과 노동의 갈등 문제이며, 세계 평화는 강대국에 의한 약소국의 침략이나 이념 대립에 따른 전쟁의 문제다. 그러니 세계 평화를 위한 유엔과 사회 평화를 위한 ILO와의 협력은 당연한 일이다.

유엔과 ILO가 협동조합의 발전에 기여한 바는 크다. 사실 '협동조합의 해'는 이미 1961년에 인도의 네루수상이 유엔에 제안했던 바 있다. 또 1976년에는 유엔 총회에서 세계 협동조합의 발전에 관한 결의안을 채택했는데, 그 안은 유엔 사무총장이 제출한 보고서에 기초했다. 실제 1951년부터 76년까지 12차례 이상 유엔의 사무총장이 협동조합의 진전 상황에 대한 보고서를 제출하고 총회가 채택했다. 그리고 1980년에는 유엔개발프로그램인 UNDP가 ICA에 '협력조직cooperatiing organisation'이라는 특별한 지위를 부여하기도 했다.

하지만 유엔이 2012년을 협동조합의 해로 선포한 것은 이런 오랜 인연 때문만은 아니다. 그보다 직접적인 동기는 2008년에 미국에서 시작된 서브프라임 사태이며, 그것이 초래한 세계적 경제위기에 있다. 2008년 위기는 이전 경제위기와는 달리 더 이상 시장경제에 미래를 맡길 수 없다는 불안감을 조성했다. 왜냐하면 당시 국제적으로 권위 있는 경제 조직이나 경제학자들도 그 사태를 예견하지 못했고, 심지어 사태가 발발한 후에도 대책은커녕 원인조차 규명하지 못했기 때문이다. 이러한 상황은 금융자본을 중심으로 한 시장경제의 불확실성을 더해 신뢰를 떨어뜨려 '지속가능한 발전'을 목표로 하는 유엔으로서는 대응이 필요했다. 그리하여 그때부터 사회연대경제에 대한 연구를 확대하고 각종 세미나를 개최하였으며, 2009년에는 2012년을 지속가능한 사회와 지구를 위한 '세계 협동조합의 해'로 정했던 것이다.

3. 마침내 제정된 협동조합기본법, 하지만 살짝 아쉬운…

이렇게 한국의 협동조합기본법(이하 기본법)은 제정을 추진한 지 얼마 되지 않아 통과되었다. 다른 나라의 입법과정에 비하면 속된 말로 '번갯불에 콩 구워 먹듯' 빠른 시간 내 진행되었다고도 할 수 있다. 그만큼 법 제정을 바라는 이들의 열망이 컸고, 협동조합의 역사나 확산 정도를 고려하면 뒤늦은 감이 없지 않아 서두를 필요가 있었기 때문이라고 할 수 있다. 하지만 그러하기에 놓친 것들이 있고, 좀 더 충분한 조사와 의견수렴을 통해 섬세하게 검토하지 못한 점도 있다.

우선 한국의 협동조합기본법은 모든 협동조합을 관장하는 온전한 법이 아니다. 그 이전에 개별법으로 존재하던 농업협동조합이나 신용협동조합 등 생산과 소비와 금융 분야의 협동조합을 제외한다. 또한 대부분의 해외 협동조합법은 모든 분야에서 사업을 영위할 수 있게 되어 있는데 한국의 기본법은 금융분야를 제외한다. 이러다 보니 기본법은 한국 협동조합 전체를 아우르지도, 모든 산업분야를 포괄하지도 않는 반쪽짜리 법인 셈이다.

또한 기본법 안에 사회적협동조합을 포함하면서 발생한 웃지 못할 상황도 벌어졌다. 사회적협동조합의 공익성을 강조하기 위해 '비영리'협동조합으로 구분하다 보니 다른 협동조합들을 영리협동조합으로 여기게 된 것이다. 협동조합은 공통의 정체성을 가지는데 일반협동조합은 영리, 사회적협동조합은 비영리라는 이분법을 만들어낸 것은 모순이다. 사회적협동조합의 경우 배당을 금지한다는 조항으로 충분한데, 엉뚱하게도 영미식 비영리조직의 운영 원칙인 '이윤비분배의 제약'을 사회적협동조합에 적용한 꼴이다. 이 부분은 이후 시정되어야 할 문제점이다.

이러한 상황은 이후 한국 협동조합운동의 발전에 지장을 줄 수 있다. 특히 기존의 개별법상의 협동조합들과 기본법에 따라 설립되는 신규 협동조합들 간의 협동에 제약이 따른다. 또한 역사가 오래되어 경험이 많고, 광범위한 산업 분야에서 구축된 기존 협동조합들의 인프라를 활용하기도 어렵게 한다.

하지만 현장의 노력은 이러한 제약을 극복할 수 있는 가능성을 보여준다. 예컨대 한국사회적경제연대회의는 이미 소비자생활협동조합 및 신용협동조합을 아우르고 있어 제도적 한계를 넘어 협동을 확장할 수 있는 기반을 조성하고 있다. 특히 한국의 소비자생활협동조합들은 전국에 100만명 이상의 조합원들을 보유하고 있고, 유기농업을 확산하는 데 기여하며, 비교적 개방적이고 투명한 운영으로 좋은 이미지를 가지고 있다. 그러하기에 생협들은 새로이 생길 많은 신규 협동조합들에게 축적된 경험을 제공하고 이미 확보한 넓은 시장을 열어줄 수 있다.

또한 기본법상의 협동조합 가운데 의료복지사회적협동조합들은 의료생활협동조합에서 전환한 경우이기에 이미 협동조합 운영경험을 축적한 편이다. 그러므로 새로 생길 수 있는 다른 많은 사회적협동조합에 모범이 될 것이다.

4. 기본법시대의 한국 협동조합

한국의 협동조합 1세대는 이념의 산물이었다. 한편에서는 개발독재 시절의 정부 정책에 동원되어 산업화 정책의 도구가 되면서 생산자와 지역사회의 이익보다는 조합 간부와 그 가족들의 이익을 위한 집단으로 전락하며 협동조합 정신을 훼손하였다. 다른 한편에서는 진보적인 사상을 가진 이들이 주축이 되어 협동조합이라는 경제조직을 진보 운동을 실현하는 데 필요한 재원을 마련하기 위한 방안으로 여기는 측면이 강하였다. 그러다 보니 그들의 사상과 운동이 탄압받으면서 협동조합도 쇠퇴하게 되었다.

제2세대가 등장한 90년대는 새로운 전망을 가진 건강한 조직들의 생성으로 활력을 얻게 된다. 80년대에 민주화운동을 경험하거나 그 과정에서 생긴 새로운 문화적 감수성을 가진 이들이 사회에 진출하고 결혼을 하여 가족을 이루고 살기 시작할 즈음이다. 그들은 과거 대량생산 대량소비의 포드식 산업구조가 만들어낸 획일화된 생활과 개발독재 시절의 권위주의에 염증을 느끼며 '다른' 방식의 삶을 모색하고자 했다. 게다가 오일쇼크를 통해 드러난 시장의 위기와 더불어 불거진 자원고갈과 환경파괴의 심각성은 이들 세대가 지속가능한 소비와 생활습관의 필요성을 절감하도록 만들었다. 이처럼 생활세계의 재조직을 중심으로 시작된 협동조합운동은 대안교육을 위한 공동육아협동조합 운동을 낳고 소비와 생활의 공동체인 생활협동조합의 발전으로 이어진다. 새로운 세대의 새로운 협동조합운동은 민주화 이후 활성화된 시민사회운동 세대들의 다양한 욕구, 즉 환경정의, 성평등, 이민자 및 외국인노동자 등 소수자 권리 확보, 북한의 식량난민 지원 및 평화, 장애인 및 실업 빈곤층의 사회경제적 통합 등과 결합하여 지역 차원에서 새로운 공동체 문화를 만드는 운동으로 발전하였다.

그리고 2000년대의 협동조합은 세계적으로 불어 닥친 경제위기와 저성장 단계로 접어든 산업구조, 그리고 극심해지는 소득 및 사회 불평등 문제로 고통 받고 있는 사회를 위해 무언가를 해야 한다는 사회적 요구에 직면한다. 특히 90년대 말 외환위기 이후 본격화된 시민사회의 일자리 창출 사업과 사회적기업 설립의 움직임은 조합원 위주의 폐쇄적인 구조를 극복하고 더욱 사회적인 조직으로 거듭나도록 촉구하게 되었다. 이른바 협동조합의 '사회화' 단계가 시작된 것이다. 기본법 내 사회적협동조합이 포함된 것은 이러한 흐름을 반영한 것이라 이해할 수 있다.(김신양, 2012)

이탈리아의 사회적협동조합에서 시작한 새로운 협동조합 운동은 '협동조합 지역사회 건설'이라는 협동조합의 이상을 실현하는 구체적인 표현이다. 물론 바람직한 협동조합은 지역사회에 기반하고 지역사회에 기여하고자 하는 목적을 가지고 있었지만 사업체 속에 지역사회 전체를 안으려는 시도는 이루어지지 않았다. 사회적협동조합이 다중이해당사자 multi-stakeholder 구조로 만들어지고 운영되는 특성을 가진 것은 사회적 목적을 실현하기 위하여 노동자나 소비자(이용자)뿐 아니라 공급자, 자원활동가, 지자체 등 지역사회를 구성하는 다양한 집단을 조직하고 그들과 일상적인 운영구조를 함께 나누기 위함이다. 그런데 지금의 기본법은 이러한 특성을 간과한 채 "지역주민들의 권익 · 복리증진과 관련된 사업을 수행하거나, 취약계층에게 사회서비스 또는 일자리를 제공하는"비영리기업을 사회적협동조합으로 규정함으로써 사회적 기업육성법에 따른 사회적기업의 정의와 차별성을 드러내지 못하고 있다. 한마디로 사회적협동조합의 정체성이 모호하고 추상적인 차원에 머물고 있다는 것이다.

협동조합운동의 마지막 세대인 사회적협동조합은 새로운 형태나 협동조합운동의 역사를 담고 있다. 게다가 선배들이 못다 이룬 사회적 소명을 다하도록 요구받고 있다. 하지만 이 어린 협동조합은 이상에 비하여 아직 경험도 부족하고 가진 것도 별로 없어 혼자 그 일을 감당해내지 못할 것이다. 그래서 스스로 자신의 운명을 감당하기 위해서 우선 선배들의 지혜와 경험을 빌어야 하며, 그 과정에서 힘과 능력을 키운 뒤 선배들이 못한 일을 해내야 한다. 기본법에 의하여 새로이 만들어질 협동조합도 마찬가지다. 시장의 발전과 팽창 시기가 아닌 위기의 시기에 태어날 이 조직들은 새로운 경제적 대안을 만들어야 한다. 그래서 청년, 여성, 장애인, 실업자, 저학력·저기능 보유자 등 이 사회에서 소외되고 배제된 이들이 들어갈 수 있는 자리를 만들어 주어야 한다. 그렇기에 새로운 조직방식이 필요하고 시장에 흔들리지 않는 새로운 경영 모델을 만들어야 한다. 이러한 목적을 달성하기 위해서는 주민의 관심과 실질적인 참여가 필요하고 기존 시장에 뛰어드는 무모함을 버리고 새로운 시장을 만드는 데 집중하는 것이 더 바람직하고 지속가능하다. 이른바 지역의 사람들과 지역을 위한 기업을 만들기 위한 호혜시장의 형성이 이들 신생 협동조합의 과제일 것이다.

여기서 가장 필요한 것은 정부의 지원이 아니다. 국민의 세금은 재분배되어야 마땅하나 지역주민에 의하여 보호받고 유지되지 못한다면 지원이 끝난 후 살아남을 조직은 없다. 따라서 우선은 지역주민들이 참여하도록 해야 하며 최소한의 재정적 독립성을 확보해야 한다. 그리고 만약 도움을 청한다면 남이 아닌 원래 가족이었던 선배 협동조합 조직에게 손을 내밀어야 할 것이다. 돈을 벌기 위해 사회적 목적을 잊거나 잠시 접어두었던 많은 협동조합 조직을 찾아가야 한다. 반대로 기존 협동조합은 이름이 무색하지 않게 동생을 돌보아야 한다. 농협은행과 신용협동조합은 창업과 사업 발전을 위한 대출서비스를 열어주고, 소비자생활협동조합은 이미 확보한 소비자를 연계시켜주어야 한다.

그런데 선배조직들에게 당당히 도와달라 요청할 수 있기 위해서 신생 협동조합들은 자기만을 위한 사업계획을 내세워서는 안 될 것이다. 재래시장 활성화 등 지역의 소상인을 지키고 청년 창업의 활로를 모색하는 사업, 지역의 공동자산인 전통과 문화, 그리고 자연을 보존하여 다양성과 지속가능한 사회를 만드는 사업, 결혼여성 이민자나 노숙자, 장애인이나 탈북자 등 이 사회의 소수자들의 통합을 돕는 사업, 무너

져가는 농업을 살리고 아이들의 건강을 챙기는 먹거리 사업, 건강한 마을을 만들기 위해 주민 스스로 건강권을 실현하는 공동체 의료기관 운영, 기후위기에 대응하기 위해 에너지를 줄이고 먹거리체계를 개편하는 일 등 새로운 영역을 개척해야 한다.

세대 간의 연계를 이루고, 계층 간의 만남을 주선하고, 다른 문화 간의 소통을 매개하고, 삶의 터전을 지키며 씨실 날실을 엮어 튼튼한 지역사회 협동경제를 만드는 일. 그 사업체는 지역사회에 기반하지만 세계로 열려있으며, 그래서 인류의 보편적인 이상을 담아내는 그릇이 될 것이다.

사진으로 보는
협동조합의 역사 한 장면

노동자의 힘겨운 삶

1887년 화가 벨렝제(Bellenger)가 그린 그림으로 작고 어두운 집에 많은 가족들이 함께 사는 모습을 그려 당시 노동자의 삶이 얼마나 어려운지 보여주고자 했다. 프랑스자료관 보관

출처:사회적경제재단 FONDES가 발간한 《사회적경제 역사》

생각의 협동

1902년 7월 1일자로 발간된 월간 '사회교육'지 13호의 표지. 생각의 협동을 위해 협동조합인들에게 교육은 항상 중요한 과제였음을 보여주는 그림이다.

출처:사회적경제재단 FONDES가 발간한 《사회적경제 역사》

원칙의 교육 : 협동

1907년의 쌀롱(Salon)에 전시된 마리옹 소마레즈(Marion Saumarez)의 작품 제목

1912년에 설립된 프랑스 소비협동조합전국연합회(FNCC)의
브랜드 COOP의 배송 차량

출처 : 사회적경제재단 FONDES가 발간한 《사회적경제 역사》

파리의 건설 노동자협동조합 '제비'가 지은 건물(위)

프랑스의 노동자협동조합은 전문기술이 필요한 건설부문에서 아주 강력하게 조직되어 있다. 이 건물은 1920년대에 한참 노조가입률이 상승하여 발전하던 프랑스 노동총연맹(CGT)의 본부로서 파리에 있는 노동자협동조합 '제비(l'hirondelle)'가 신축한 것이다. 출처:사회박물관

'협동조합학교' 신문(1934년) (아래)

학교협동조합에서 분기별로 발간하는 초등학교 협동조합을 위한 신문으로 1934년에 16년째를 맞이했다. 이 신문에는 '학교협동조합은 상업기업이 아니라 교육작품'이라고 소개한다. 프랑스의 협동조합학교중앙사무국(OCCS)은 1928년에 탄생하여 다음해인 1929년에 학교협동조합중앙사무국(OCCE)으로 전환했다. 출처:사회박물관

"너 노동조합에 가입했어? 그런데 왜 아직 협동조합에는 가입 안 했어?"

1895년에 설립된 국제협동조합연맹(ICA)의 핵심 멤버들은 노동조합과의 협력을 중요하게 생각했다. 그래서 19세기 말, 20세기 초에는 의식 있는 노동자들이라면 노동조합에도 가입하고 협동조합에도 가입하여 활동해야 한다고 생각한 협동조합 리더들이 많았다. 사진은 1920년대, 노동조합의 조합원들에게 협동조합의 가입을 독려하는 포스터. 출처:사회박물관

'협동조합 어린이' 방학캠프
프랑스 소비협동조합전국연합(FNCC)은 여름에 어린이들을 위한 방학캠프 '협동조합 어린이'를 운영했다. 출처:사회박물관

처음 만나는 협동조합의 역사

1판 1쇄 발행 2021년 12월 10일 **1판 2쇄 발행** 2024년 3월 14일

지은이 김신양

펴낸이 전광철 **펴낸곳** 협동조합 착한책가게

주소 서울시 마포구 독막로 28길 10, 109동 상가 b101-957호

등록 제2015-000038호(2015년 1월 30일)

전화 02) 322-3238 **팩스** 02) 6499-8485

이메일 bonaliber@gmail.com

홈페이지 sogoodbook.com

ISBN 979-11-90400-29-9   (03300)